家庭教育
指导师

中学卷

家庭教育难题
60解

本书编写组　著

中国言实出版社

图书在版编目(CIP)数据

家庭教育难题60解. 中学卷 / 本书编写组著. -- 北京：中国言实出版社，2023.5

ISBN 978-7-5171-4467-0

Ⅰ.①家… Ⅱ.①本… Ⅲ.①中学生—家庭教育 Ⅳ.①G78

中国国家版本馆CIP数据核字（2023）第082167号

家庭教育难题60解（中学卷）

责任编辑：王建玲

责任校对：史会美

出版发行：中国言实出版社

地　　址：北京市朝阳区北苑路180号加利大厦5号楼105室

邮　　编：100101

编辑部：北京市海淀区花园路6号院B座6层

邮　　编：100088

电　　话：010-64924853（总编室）　010-64924716（发行部）

网　　址：www.zgyscbs.cn　电子邮箱：zgyscbs@263.net

经　　销：新华书店

印　　刷：北京温林源印刷有限公司

版　　次：2023年5月第1版　2023年5月第1次印刷

规　　格：880毫米×1230毫米　1/32　8.625印张

字　　数：150千字

定　　价：42.00元

书　　号：ISBN 978-7-5171-4467-0

编 委 会

序

北京青年政治学院党委书记　杨志成

家庭教育既是一门具有综合学理性的理论学科，也是一项具有广泛实践性的家庭日常生活活动。因此，推进家庭教育工作，既要从学理性层面深入系统研究和建构，也要从实践角度全面系统总结提炼，有效指导实践。这本《家庭教育难题60解》的家庭教育指导性专著，充分体现了实践性特色，必将对当前我国家庭教育的科学有效实践起到引导作用。

党的十八大以来，习近平总书记高度重视学校教育、家庭教育和社会教育的有机结合，针对家庭教育，提出了一系列新理念、新思想、新观点，为推进新时代我国家庭教育新发展提供了根本遵循和行动指南。

本书编写过程中遵循以下几点：

一是要充分感悟家庭教育的重要地位。从家长和教育者视角认识家庭教育之于个人、家庭和社会的重大意义。在全国教育大会上，习近平总书记用"四个第一"，生动形象地论述了家庭教育在人生发展和事业发展中的重要地位。习近平总书记指出，办好教育事业，家庭、学校、政府、社会都有责任。家庭是人生的第一所学校，家长是孩子的第一任老师，要给孩子讲好"人生第一课"，帮助扣好人生第一粒扣子。"四个第一"鲜明阐释了家庭教育的地位和价值，这是每一个家庭、每一位家长都要认真体会，并亲自践行的教育职责。

家庭是第一所学校。这是从人的终身教育理论深度，提出了家庭的重要教育职责和定位。作为第一所学校，家庭从诞生开始，就具有先天的教育职责。这是对每一个组建家庭的成年人的职责要求。当一个成年人准备成为家长的时候，要同时思考和认识能否承担起家庭这个第一所学校的责任。

家长是孩子的第一任老师。这是从家长的教育义务角度，提出了家长的教育职责和教育角色。这意味着每一位家长都要具有教育情怀，了解和学习教育理论和技能，尤其是对婴幼儿的教育理论和基本技能。每一名家长都要从教育子女的过程中提升自己作为第一任老师的责任感、使命感，提升专业素养和能力。但从现实看，几乎所有的家长都没有经过相对专业的家庭教育培训。因此，对大多数家长来说，家庭教育是业余的事情。由于缺少专业指导，很多家长在家庭教育中很不专业，很痛苦，甚至造成了家庭悲剧。

讲好"人生第一课"。这是对家庭教育内容的要求，也是对家庭教育本质的要求。家庭教育的本质就是人生教育，也就是教孩子如何做人、如何成长、如何度过人生。尤其是青少年和儿童时期，家庭教育是形成儿童世界观、人生观、价值观的关键环节。因此，家长为孩子讲好"人生第一课"将决定孩子一生的发展。

扣好人生第一粒扣子。家庭教育为孩子讲的人生第一课，就如同扣扣子，第一粒扣子扣对了，以后的扣子就会都扣对。如果衣服的第一粒扣子扣错了，就要解开重新扣。但如果人生的第一粒扣子扣错了，那么以后连重新扣的机会可能都没有了。因此，家庭教育对人的成长具有重要的、不可替代的作用。

二是要充分把握家庭教育的科学方法论。如何做好家庭教育？

首先是注重家庭、家教和家风建设。在会见第一届全国文明家庭代表时，习近平总书记提出了"注重家庭、家教、家风"的重要论述。其中对家庭教育做了系统阐述。家庭教育最重要的是品德教育，是如何做人的教育。

其次是家庭教育要重言传、重身教，教知识、育品德，身体力行、耳濡目染。要积极传播中华民族传统美德，传递尊老爱幼、男女平等、夫妻和睦、勤俭持家、邻里团结的观念，倡导忠诚、责任、亲情、学习、公益的理念，推动人们在为家庭谋幸福、为他人送温暖、为社会作贡献的过程中提高精神境界、培育文明风尚。

全社会要担负起青少年成长成才的责任。教育部门和妇联部门要研究建立家庭教育专业课程，为指导家长做好家庭教育提供理论和技术支持。

三是要充分理解家庭教育与学校教育的协调关系。近年来，家长和学校教育的关系出现多元价值发展的倾向。有的家长不信任学校和教师，也有的学校和教师疏远对家长的沟通，弱化家庭教育指导。习近平总书记在北京八一学校考察时强调，基础教育是全社会的事业，需要学校、家庭、社会密切配合。学校要担负主体责任，对学生负责，对学生家庭负责。家长要尊重学校教育安排，尊敬老师创造发挥，配合学校搞好孩子的学习教育，同时要培育良好家风，给孩子以示范引导。

习近平总书记从家庭和学校的各自角色阐述了

各自的育人职责。为做好新时代家校沟通交流机制，开展好家庭教育指导提供了依据和指导。

四是要从法律层面了解新时代我国家庭教育的部署和要求。2021年10月23日第十三届全国人民代表大会常务委员会第三十一次会议通过《中华人民共和国家庭教育促进法》，自2022年1月1日起施行。第一次以国家法律方式，界定并明确了家庭教育的概念和实施责任主体。家庭教育成为一项有法可依的公共性事务。该法第二条指出，本法所称家庭教育，是指父母或者其他监护人为促进未成年人全面健康成长，对其实施的道德品质、身体素质、生活技能、文化修养、行为习惯等方面的培育、引导和影响。第四条指出，未成年人的父母或者其他监护人负责实施家庭教育。这就明确了未成年人的父母或监护人的家庭教育义务和责任。从这个意义上说，本书正是对《中华人民共和国家庭教育促进法》贯彻落实的实践支持，有利于广大家长从实践层面更好地贯彻法律义务，担当家庭教育的责任。

当前，我国正在开启全面建设社会主义现代化国家的新征程，国家对人才的渴望比以往任何时候都更加强烈，家庭教育是为孩子扣好人生第一粒扣子的关键环节。相信本书一定会对广大家长和教师起到实践指导和参考作用，一定会对丰富中国特色家庭教育学起到助力作用。感谢各位作者的辛苦付出！祝每一个家庭都幸福和谐，每一个孩子都在幸福家庭中健康、快乐成长！

杨志成

2023 年 4 月

目录

011 / 初中二年级男生，教师向家长反映学生在化学课上不专心听讲，作业质量低，上课有时接下茬，平常见了老师爱搭不理的。家长经过和孩子交流发现，孩子不满意化学老师强硬的态度，认为化学老师管理水平低下。家长认同孩子的感受，认为教育应当润物细无声，崇尚有温度的教育模式，但又不想激化孩子和老师之间的矛盾，想鼓励孩子不要因为某个人的原因影响了自己的成绩，所以很为难。

015 / 家长就学生玩手机成瘾问题向老师讨教解决方法。例如：小 A 同学在疫情防控期间以用手机做与学习相关的事为理由，拿到手机，夜里躲在被窝里玩游戏，家长沟通无果，寻求帮助。

019 / 家庭中老大在初一，老二上小学一年级，原来相处还算融洽，两个孩子都进入学校后，家长手忙脚乱，不知道要顾谁，关注弟弟，哥哥就会发脾气，不完成作业等。家长寻求帮助，如何平衡两个孩子的学习及生活。

024 / 家长发现孩子和异性同学相处很密切，经常微信聊天分享心事，两个人学习都很好，感觉二人属于正常友谊，但就是很担心，总想干预。

029 / 小李同学进入初三以来，在学习上表现得比较认真和努力，但成绩总是不尽如人意。家长反映孩子在家里，说什么都不听，经常抱着手机看，写作业也是磨磨蹭蹭，家长说少了，不管用，说多了就急，亲子关系越来越紧张。家长非常焦虑和着急，希望老师能给出具体的帮助。

书包被同学弄脏了，衣服被签字笔划了一道……请问老师，我家孩子是否遭受了校园欺凌呀？

055 / 我的孩子最近情绪低落，作为家长很着急。沟通过程中孩子要么沉默、要么发脾气，我们真不知道该怎么办。

058 / 我的孩子可能比较敏感，总觉得同学对他不怀好意，和同学之间也易发生冲突，所以他没有什么朋友。您说我们作为家长该做些什么来帮助孩子？

061 / 孩子回来闷闷不乐，把自己关在屋子里，怎么说也不听，拒绝与我们沟通，怎么办？

063 / 孩子作业写得特别慢，晚上7点到家写到半夜12点。经与学校老师沟通普遍反映，其他同学大约在九十点钟完成作业，明显感觉是写作业慢的问题，家长痛苦孩子也痛苦！请问老师，您有什么办法能帮助孩子提高时间效率吗？

066 / 孩子在家沉迷于手机，不写作业、也不睡觉，反复教育无效，寻求解决办法。

070 / 孩子最近总说不想上学，他就真的不去了。我们家长哄着也不行、骂着也不行。这可怎么办呢？

073 / 孩子回家吃过饭就在自己的房间，一直到23：30，我看屋子还亮着灯，就进去问他在干什么，发现孩子还在写作业，咱们作业怎么这么多啊？

076 / 我的孩子酷爱配音，而且在一些网站已经接单配音，挣了一些钱。我很担心她的学习因此受影响，更担心她在配音接单中迷失自我。但是我的劝告孩子不听，老师，您看您有什么方法能帮帮我吗？

高中组

们应该怎样去帮助家长？

109 / 孩子不愿意和父母沟通，微信也屏蔽家长，那么家长应该如何与孩子沟通？

113 / 家长说，由于老师的提问，孩子有时答不上来，觉得同学们看他的眼神都不友好了，就开始怕上这门课。慢慢地，怕上所有的课，不爱上学了，觉得班级氛围压抑，家长该怎样去帮助孩子呢？

针对学生在学校出现的各类问题，家庭教育指导师与家长沟通交流，协同解决应对策略

初中组

119 / 发现班里的学生在心智发育上有些迟缓，如到了青春期还不知道男女有别，这个女孩经常会去摸男生，突然在课上大声说话，如何能既委婉又清楚地向家长表达学生的问题？

123 / 学生在校内出现学业问题之外的其他问题，如人际关系、情绪问题等，如何跟家长反映并商讨解决办法？

125 / 初一女孩主动向班主任求助，学生自己陈述在家里的情绪很暴躁，会因为各种小事而爆发。但班主任观察，这个女孩在学校比较胆小。经过和学

生的交流发现，学生的家庭成员比较复杂，家中
有爸爸、妈妈、爷爷和弟弟。而房间空间有限，
孩子没有独立的卧室和学习空间，经常受到打扰。
而父母在家庭教育中因繁忙和个人能力问题忽略
了女孩的真实需求，和老师沟通后认为孩子的问
题纯属自寻烦恼，选择继续压抑孩子的需求和情
绪，学生的状态越来越不好。教师表示问题出在
家庭里，学校能做的有限; 家长认为教师多管闲事，
女孩自寻烦恼，自作自受。

有待改进，尤其是在课堂纪律、尊敬老师方面表现不是太好。在和家长沟通时，家长并不认可学校反映的问题，坚持认为自己的孩子表现不错。经过和家长沟通联系，发现孩子的主要问题是在家一个样，在学校另一个样。如何让家长和学校携手，帮助孩子养成良好的行为习惯，做表里如一的人？

145 / 每次班里出现的问题指向该生时，他总有无数的理由和借口应付，张口就来，被识破又是另一套说辞，永远比老师多一句，即使当时不吱声了，下次还是这样应付问题，从不会从根本上找到自己的原因和问题。

148 / 某女生被其他学生发现手臂上有类似刀片的划痕，该生也曾因上课后始终未进教室让老师和多部门全校寻找，最后发现是她把自己锁在学校厕所隔间里。跟家长联系才得知其处于抑郁治疗并服药中，医生说正常上学有利于该生，但学校觉得其有自残自杀风险且让其他学生产生恐惧，希望家长能暂不让该生入校，但家长不配合怎么办？

152 / 有的学生语言不文明，常有脏字出现，通过侧面了解，有一定的家庭原因，家长说话就存在不文明用语。要跟家长反映此问题并共同讨论解决的办法。

156 / 学生作业落实不到位，作业敷衍了事，少交、不交或者抄袭，达不到练习巩固的目的，希望家长关注配合，监督学生按时完成并提高作业质量。

我该用什么方法去调节这对父母呢？

183 / 班中一位智力有缺陷（智商略低，但无残疾证明）
的学生，遇到喜欢的东西，经常"顺手牵羊"，
曾经拿过其他学生的足球鞋、骑走过其他同学的
自行车。这个孩子的问题该如何解决？

186 / 班中一名学生可能有些心理问题，经与心理老师
沟通，心理老师也认为该生需要去医院进行专业
的诊断。但我担心家长对"心理问题"和"就诊"
有偏见，您看我要如何跟学生家长沟通呢？

189 / 孩子刚刚入学时就表现得很敏感，会因为传纸条
被老师发现、同学的一句玩笑、同学间的一个小
摩擦对同学和老师不依不饶。这种情况我该如何
与家长沟通？

193 / 我发现班内的孩子在朋友圈中时时有一些灰色
的甚至负面的言论，比如质疑新冠疫苗接种的政
策、质疑社区的管理措施。我认为必须与孩子的
家长进行沟通，而孩子的父母长期在国外，孩子
与爷爷奶奶共同生活。我该与谁沟通，又怎样沟
通呢？

197 / 初二年级的一个学生一个月内在学校有三次突然
间的情绪爆发。在班级或厕所大哭大叫，怎么劝
都不行，也没有说出明确原因，心理老师怀疑该
生有情绪焦虑的问题，需要到医院诊断。作为班
主任如何跟家长说明情况？

高中组

大额消费的现象。作为老师，我们还可以怎样跟家长进一步沟通来共同形成家校合力，帮助孩子解决目前的这个问题呢？

239/ 校长读后感

第一篇章

家长向家庭教育指导师
咨询学生各类问题，
寻求解决办法

初 中 组

处于青春期的学生，不爱跟家长沟通，家长说什么孩子都不听，而且学生可能有些心理方面的问题，在家跟家长比较蛮横，在学校又很沉默，从不表达自己，遇到这样的情况，老师该如何指导？

北京市广渠门中学　贾玢

这是青春期青少年的一种较为普遍的表现，它与青春期本身的心理特点是有关系的。问题中反映的家长说什么都不听，态度比较蛮横，可能源于青春期青少年自主意识的增强。这就突出表现为对权威的质疑和反抗，再加之青春期情绪上的不稳定，就容易爆发冲突。

建议家长，先不用过于焦虑，认识到这可能是很多孩子在这一阶段所面对的共同问题。用一个平和接纳的心态来面对孩子，尽量不要让自身的焦虑和愤怒等消极情绪影响到孩子。针对说什么孩子都不听的现象，建议家长回想一下自己与孩子在平时的沟通过程中呈现出了一种怎样的沟通模式，如果有可能的话，家长可以把自己近期与孩子沟通的一些片段，以对话形式做一些记录。当这些对话以文字形式呈现在家长眼前的时候，就可能会发现自己与孩子沟通过程中出现的一些问题。推荐一个沟通的公式，或许能够帮助家长适当地改善沟通方式，尝试与孩子进行平等、有效的沟通。这个沟通的公式叫作"事实＋感受＋希望"，家长在与孩子沟通的过程中，进行一个观点的表达和交流。所谓的"事实"指的是不带任何评价的讲述事情发展的经过。比如，家长可以说，我们今天因为某件事情发生了争吵，而不是说你今天对妈妈大喊大叫，因为这句话听起来更像是一句指责，或者家长对孩子说，你今天的表现非常没有礼貌，这句话听起来就是一种评价式的表述。接下来，家长可以表达自己的感受，比如说爸爸妈妈都非常担心你，要注意这一部分是表达自己的感受，不是代替孩子表达感受，或者评价孩子的行为。最后一部分，就是公式当中的希望，家长可以说，下次我希望可以跟你心平气和地进行沟通，或者说我们想要用一种更为有效的方式和你沟通，那你自己对此有什么想法吗？

通过利用沟通的公式来改变自己与孩子的沟通方式，尝试让孩子减少更多情绪化的表达，以及更为主观的评价，这可能会让孩子慢慢地不再抗拒与父母沟通。对于家长在表述中说到的孩子可能有心理问题，这一点需要正规的医疗机构或者专业的医生来进行界定和判断。作为家长，千万不能在没有得到确切诊断，仅仅是怀疑孩子有心理问题的时候就对孩子说出一些不负责任的话语。比如说我觉得你有病，或者说你是不是有心理问题等，这些都会对孩子造成极大的心理伤害，也极有可能促使孩子更加逆反，甚至出现更为严重的问题。

对于孩子在学校表现沉默，从不表达自己的问题，作为家长，应当站在家校协同合作的角度上和班主任老师进行沟通，让班主任更为全面地了解孩子在学校的表现，并且与老师一同分析孩子在学校沉默寡言的原因。比如说，孩子是不是在学业或者人际等方面感到了自卑，孩子在学校是否有关系好的老师或者同学，这都可以成为家长了解孩子的一个突破口。

建议家长充分相信，家校协同共育的力量，与老师进行细致的沟通。不仅可以全方位了解孩子，还能够从中不断反思自己在家庭教育过程中所忽视的问题，从而真正帮助到孩子。如果把人生比作是一条河流的话，对于孩子来说，青春期可能就是这条河流当中最为湍急的一段河道。孩子从生理上到心理上所产生的变化，会使他们自己都难以从容应对。作为家长，要接纳孩子在青春期所表现出的种种特点，更要明白这段时间对于孩子本身来说也是一个挑战。我们要成为孩子最信任、最亲密的队友，和他一起平稳度过这个特殊的时期，和孩子共同成长。

家长与孩子的沟通过程不畅，家长惯有的沟通模式让孩子十分抗拒，从而拒绝沟通甚至爆发冲突。老师该如何指导？

北京市东直门中学　王菲

孩子小的时候，亲子之间的沟通事无巨细。中学以后，孩子的话就突然变少了，与家长的互动简短而敷衍，家长和孩子之间就好像有一条鸿沟，这是因为孩子的需求变了，是孩子变化了的需求和家长滞后的反应之间的矛盾。因此，根据孩子的需求去调整和孩子的沟通模式，确实能够起到缓解亲子关系的作用。

我在心理课上曾问学生，父母经常对你说的话是什么，学生会答："你看看人家谁都怎么样啦""上课注意听讲""出门注意安全""这话都说了多少遍了，你怎么就不长记性""你现在这样，以后可怎么办呢"。我们发现，家长通过这样的一些叮嘱表达他对自己孩子的关心和关注，本身是好意。可是在这个过程中，孩子得到的是什么信息？是家长的不满，是我在你的心里不如别人好，我做什么都不对。

◎初中组

换位思考，如果我们在工作中得到这样的信息，我们会怎样呢？我们会认为这是来自别人的攻击。其实孩子也会这样想，觉得父母攻击自己，你攻击我当然要反抗了，于是爆发亲子冲突。

孩子们要的到底是什么呢？我也询问过学生，学生会答：我需要属于我的一片天地；严格要求没有问题，但是你不要太苛刻；让我做一些我喜欢的事情；我想有自己的秘密等。那么在这个过程中，我们可以看到，孩子的需求是什么呢？是需要我们了解他的现状，接纳他正在长大的这个事实，尊重他日益成人化的需求，以及需要我们真正地平等地对待他。这个平等不是说像小的时候，你蹲下来和我说话的这种身体上的平等。事实上他的这个身体已经不需要你再蹲下了，你需要放下的是什么呢？是你的固执己见，是来自父母的权威。

在沟通中最重要的真的不是家长说了什么，而是家长让孩子听到了什么，让孩子感受到了什么。我的建议是重视倾听。

第一，耐心地听，甚至有时候需要忍耐地听。因为这么大的孩子，一个青春期的孩子，他的观点是不成熟的，他的行为也有诸多不合理的地方，但是只要孩子去说，哪怕这些东西你不感兴趣，或者孩子的行为观点，你不认同，也请耐心地听孩子把话说完。生活中有没有孩子主动去找家长聊天了，家长却拒绝了的情况呢？有的，这种拒绝是非常隐蔽的，它不是直接说"我没有时间或者你先不要跟我说"，而是说"你看，这点儿事，把你难成这样"，那孩子一下子就会觉得，原来我说的这个事情在你看来，不值一提，以后我不说了。这样的事情发生多了，家长又抱怨你怎么什么都不跟我说了呢，其实是家长自己掐断了孩子说话的路径。

第二，希望家长能够做到正面地听、赞赏地听。孩子的行为或孩子的观点，他有不成熟或不合理的地方，但是作为家长，我们依然要从中找到可以赞美的地方，哪怕他说的观点你不认同，也可以赞美孩子开始思辨地看待一件事情了，而不是仅仅担心，他这种张扬的性格，以后会吃大亏。

听完孩子说话后，我们要怎么反馈呢？

我们要接纳他的情绪，认同他的感受，承认他的需求和愿望。简而言之，就是跟孩子共情。我们每次说到这个共情或换位思考的时候，都强调要站在孩子的角度，但我在工作中发现，除了站在孩子的角度，还需要站在孩子的水平。我不得不承认，一般情况下，成年人确实比孩子更理智、更有经验，父母说的那些东西可能真的是对的，但是一个12岁或者13岁的孩子，他不一定全能理解你的睿智，所以你需要站在一个更低的水平去理解和原谅他。站在他的这个阅历，那可能是个事，它就是一个特别难的事情。当孩子意识到父母能理解自己的痛苦之后，自然就愿意继续跟你倾诉。

第三，通过复述的方式，把我们自己的理解讲述给孩子听。这是一个回应的过程，是帮助孩子加工处理的过程，通过父母的叙述帮助孩子捋清思路，找到症结所在，也许在父母复述的过程中，孩子还会产生新的想法，这个时候我们可以继续再跟他探讨，交流就自然而然产生了。最后如果还有必要的话，家长给予一些建议。总之，我们积极去倾听；接纳他的感受，理解他的需求；帮助孩子调整认知。

初中二年级男生，教师向家长反映学生在化学课上不专心听讲，作业质量低，上课有时接下茬，平常见了老师爱搭不理的。家长经过和孩子交流发现，孩子不满意化学老师强硬的态度，认为化学老师管理水平低下。家长认同孩子的感受，认为教育应当润物细无声，崇尚有温度的教育模式，但又不想激化孩子和老师之间的矛盾，想鼓励孩子不要因为某个人的原因影响了自己的成绩，所以很为难。

北京市广渠门中学　刘超

很多家长一听到孩子不喜欢老师，就很紧张担心：一是不知道如何与孩子沟通；二是不知道如何与老师反映。客观地说，老师都是普通人，孩子有不喜欢的老师是很正常的现象，弄清楚为什么，并想办法引导孩子解决问题才是应该引起关注的。

从家长的认知角度考虑，其实每个老师在对待学生时都是尽心尽力的，想要教给孩子最丰富的知识、保障每个孩子的人身安全。由于老师的教学方式、管理模式的不同，引发学生的喜欢和讨厌，大部分是初高中学生才有的。这个阶段的学生有了一定的认知能力，形成了自己的学习模式，因而才会有更加细化的理由解释对老师的偏爱。

一、消除孩子对老师的抵触情绪

1. 倾听引导孩子的想法

当家长发现孩子对老师有抵触情绪时，首先要给孩子创造一种宽松、自由地发表意见的氛围，使孩子毫不隐瞒地讲清楚老师批评自己的原因以及对自己的态度和自己受到批评时的心情。家长要认真倾听，并采取适宜的方法解决。如果是属于孩子认识偏激或行为错误时，家长要积极引导；如果是属于老师处理问题存在片面性或有失误时，家长要积极主动与老师交换意见，以化解孩子的抵触心理。

2. 尊重接纳孩子的情绪

无论孩子在悲伤、孤独时，还是在兴奋、快乐时，家长应该给予孩子关注、尊重与理解，而不是立刻指责孩子，其实接纳情绪并不等于赞同孩子的想法，先接纳再想办法帮助孩子正确地对待老师的批评。

3. 培养孩子的同理心

让孩子学会站在他人的角度考虑问题和处理问题，创造情境让孩子亲身体会老师的难处，并在这个过程中改善师生间的关系，减轻或避免孩子对老师的抵触情绪。家长切忌在没搞清事实真相之前就简单粗暴地批评孩子或对老师表示不满。这既不能使孩子从中受到教育，也不能缓解师生间的矛盾，还增加了孩子对老师的抵触情绪。

4. 正向引导孩子

要引导孩子：老师只是传授知识，客观来看待的话，其实就不会出现到了中高年级因为不喜欢老师而影响学习成绩的问题。从某种程度上来说，孩子逃避一门科目的老师，其实是在变相地逃避这门课程的学习，给自己成绩不理想找的借口而已。因此，解决这个问题的根源，就是孩子能够在这门科目上把成绩提高上去，然后就不会对老师有太多的看法了。自信是战胜很多问题的法宝，在学习上也是如此。

有的家长对孩子一向很溺爱，不能客观地看待孩子，觉得孩子什么都好，一旦孩子对老师有意见，就不假思索地指责老师。家长这种不经调查研究草率表态、一味批评的做法，将助长孩子对老师的抵触情绪，并对孩子的人格形成产生负面影响。

二、有效利用好家校关系这面镜子

脑科学家林成之曾说，"排在第一位的，是要让孩子喜欢上自己的老师"。建议您增加和老师的沟通和交流，一来可以了解孩子在学校的情况，二来密切的家校联系可以让孩子在潜意识里增加对老师的信任与依赖。化学老师的反馈正是说明他关注到咱家孩子，并想帮助孩子，通过交流，关注孩子是因初二化学选科导致其对学科的不重视，还是不适应化学老师的授课模式。不论我们遇到怎样的老师，家长自己要引导孩子看到老师的优点、体谅老师的苦心，打心眼儿里敬重老师，这样孩子才能喜欢和学好这门学科，倘若因为不喜欢老师而影响学习，真可以说是因小失大了。

建议您和孩子一起看看电影《放牛班的春天》，老师是除了父母外，全心全意对孩子好、为了孩子尽心竭力的那群人，他们与父母有着共同的发展目标，有着共同的羁绊。利用好家校关系这面镜子，别让孩子在成长过程中失去这份极其宝贵的师生情谊。正如影片中所说："教育不仅仅是为了知识，爱才是果实。"

相信通过与老师的双向沟通，与孩子推心置腹的交流，一起讨论遇到的问题并提出解决方案，孩子也会有所成长，获得更好的教育。

家长就学生玩手机成瘾问题向老师讨教解决方法。例如：小Ａ同学在疫情防控期间以用手机做与学习相关的事为理由，拿到手机，夜里躲在被窝里玩游戏，家长沟通无果，寻求帮助。

中央工艺美术学院附属中学　万培

　　在互联网时代，信息技术渗透到学习生活的方方面面。在新冠疫情期间，孩子需要用手机上网课、查资料，手机变得经常不离手，在非学习状态下也会看一看玩一玩。家长应该正确地看待使用手机这件事。如果简单粗暴地禁止、断网或者是没收手机，可能行不通，这样容易激怒本来在特殊时期有焦虑或者烦躁的孩子，同时恶化亲子关系，影响家庭氛围。

　　需要具体了解几个情况，孩子从几岁开始使用手机；在疫情之前他使用手机的状况；除了上课，他在用手机做些什么，是打游戏还是和同学做交流；每天学习、娱乐占用的时间是多少，家长到底知不知道孩子这样的时间分配。对比疫情前后孩子使用手机的情况，判断手机成瘾的问题是从什么时候开始的。这些原因可以进一步分析，往往玩手机的问题是一个表象，可能在背后是孩子内心的缺失，缺少感兴趣的事，利用手机去消耗时间；可能是缺少家人的陪伴、关爱，缺乏交流、倾诉，把手机作为一种表达；也有可能是缺少目标和动力，他没有更好的方法或者是突破难题的勇气，只能沉浸在手机的虚拟世界里，所以只有帮助孩子解开这些心结，满足他内心的需求，像手机这种表象的问题，才能够得到解决。

另外，良好的家庭教育氛围对孩子的成长至关重要。建议爸爸妈妈坐在一起，看一看每个人使用手机的情况，可以用图表展示的方式，或者是运用"事实＋感受＋希望"的方式，不要掺杂任何感情色彩，只陈述事实，把每个人使用手机的真实情况呈现，包括学习、工作、娱乐方面的使用时间，进行合理分析。然后制定家庭手机使用公约，包括手机存放在指定的区域，使用时间等，大家都要遵循这个规则。在每个人"无手机"状态下，安排一些阅读，安排沟通交流，不受手机的打扰，安静地干点事。这个过程家长也要克服一些困难，共同来脱离手机做遵守公约的榜样。公约不要太宽泛，要好操作。公约的相关内容，要全体家庭成员认可，放在相对明显的位置，所有的成员要共同遵守，同时也要有不遵守公约的相应措施。

提示家长：要给孩子树立规则的意识，家庭是最重要的一个场所，家长要以身作则，营造良好的家庭氛围。家长带头不做这个"低头族"，要正确地引领示范！同时不能以工作为由不遵守公约，使公约只针对孩子。单独的约束或命令，孩子从心里来说是不太服气的。孩子的兴趣爱好还有品行的树立，包括习惯的养成、价值观的形成，实际上受家庭影响比较大，所以家长要做好这个榜样，树立好这个榜样。孩子有阅读的时间，有阅读的习惯，可能源于家长喜欢读书，孩子从小耳濡目染，慢慢地他也有这种习惯，到时间能够安安静静地读书。家长或许因工作原因，长期拿着手机，孩子会受到影响。工作之余，可能会刷一刷抖音，或者刷一刷朋友圈，久而久之在孩子眼里这个就是一种比较"重要"的娱乐方式了，他也会养成这种不太好的习惯，经常刷一刷或者说手机不离手，不让看，可能就会发脾气，他没有其他的一些好的习惯或者说兴趣去吸引他去做。有的家长对孩子提出要求的时候，自己却刷着手机，看着电子设备，嘴上在不停地说"你赶紧学习""赶紧做……"家长要让孩子养成好习惯，有一个安安静静的环境。希望家长能够和孩子在一起，共同参与家庭活动、游戏，率先垂范。

孩子进入初中以后和小学不太一样，身心发生了变化，会有青春叛逆。他的自我意识在慢慢提升，开始不想听从父母的安排，他感觉自己可以像成年人一样处理问题，他渴望独立，想有自己的隐私。躲在被窝里玩游戏，可能是对他内心的挑战，除了游戏对它的吸引之外，它可能还可以有另外一方面的展示。所以需要跟家长做一个沟通，就是和孩子能够畅所欲言。

希望家长能够正确地看待或者说能够帮助孩子利用好这个手机，发挥手机积极的作用。同时能够树立一个良好的习惯。在现实生活当中，肯定是脱离不了手机，能够合理地迎接数字化时代，家长和孩子需要共同努力。

家庭中老大在初一，老二上小学一年级，原来相处还算融洽，两个孩子都进入学校后，家长手忙脚乱，不知道要顾谁，关注弟弟，哥哥就会发脾气，不完成作业等。家长寻求帮助，如何平衡两个孩子的学习及生活。

北京市第二十五中学　张俊杰

对于二胎家庭来说，父母如何协调处理好孩子间的矛盾可能已经成为家庭中最重要的事情之一。事例中两个孩子之前相处还算融洽，改变发生在孩子们都入学后。在此过程中想必父母一定付出了很多的努力，甚至有时候焦头烂额力不从心，现在养一个男孩就很不容易，这个家庭还是两个男孩，更是难上加难。

哥哥是名初一的男孩，他面临两个转变：一个是迎来了学业生涯的重要阶段，另外一个是心理上的变化，哥哥正步入青春期。

第一，青春期的男孩更加敏感细腻，他们之前不在乎的事情现在会倾注注意力了，比如父母之前经常用来评价他的话，小时候是可以接受的，现在却会表现出抗拒；弟弟的一些行为哥哥之前会退让，现在会据理力争。青春期的孩子渴望被尊重，他们希望自己眼中的大事，也可以是父母眼中的大事。

第二，接纳多变的情绪。青春期孩子的情绪变化非常快，整体表现为易激惹、易冲动的特点。此阶段孩子的内心戏也很足，有人愿意分享见人就说，也有孩子想和人分享但不会主动交流，甚至你主动的时候他还会让自己表现出高冷态度想获取你更多的关注，觉察到你的关心后才愿意告诉你，他们有些别扭得可爱！

第三，高涨的自我意识。青春期孩子的自我意识、私密意识、领地意识比之前更强烈，尤其是多子女家庭中他们希望有一个专属区域，另一个孩子甚至家长不会去碰，如果不经他的同意碰了或者私自替他做决定，他会觉得自己不受重视，别人的理解和尊重成为他们愿意交流的前提。

鉴于哥哥的变化，提供以下建议。

（1）哥哥有随时可以倾诉的机会。青春期哥哥思想上会发生很大的变化，会因为特别小的一件事苦恼良久，需要我们的引导和开解，所以每周，甚至每天都要有让哥哥单独和爸妈交流的机会，就像弟弟还没出现时一样，他可以随时和父母吐槽、撒娇。

（2）尊重哥哥逐渐形成的成人感。让他负责一些事情，锻炼哥哥能力的同时增加哥哥的自信。家庭的重要决定要把哥哥当一名重要的成员征求意见，包括关于弟弟的决定，让哥哥明白照顾弟弟不仅是父母的责任，他也可以像爸妈照顾他一样照顾弟弟。

弟弟刚上一年级，他的需要是尽快熟悉校园生活，培养良好的学习习惯。弟弟对父母的要求很多时候表现在希望爸妈陪他玩，他诉说的内容多是校园里非常琐碎的新鲜事儿：谁带了糖果、谁被老师批评了，诸如此类在父母眼中幼稚细碎的事情，哥哥却可以理解弟弟，哥哥在某些事情上作为倾听者会比父母做得更好，我们是不是可以有这样的尝试？

我们在要二宝的时候肯定告诉过自己：我要一碗水端平，但人的精力是有限的，即便做得一样也不一定会收到相同的反馈。弟弟年纪小会撒娇更敢说，哥哥大一些会用另一种方式抢夺父母的注意力或者宠爱，比如父母所说的不写作业，更偏激点的：我在学校捣乱，老师找家长，你们就会看到我了，当这个现象出现的时候，我们要思考一下近期是不是对小二的关注特别多而忽略了大宝，让他产生了极大的不安全感。

对于协调二人之间的关系，有如下四点建议。

第一，体会足够多的爱是孩子愿意分享爱的前提。孩子有足够多的糖果他会愿意分享给小朋友，哥哥体会到足够多的爱和关心，包括来自弟弟的爱，他也不会介意父母分一些爱给弟弟。我们要让哥哥体会被爱的感受、教他如何爱，而不是单纯地告诉他：你要爱弟弟。

第二，不总让一方谦让另一方。弟弟有拒绝的权利，哥哥也有权说"不"。我们有同情弱者的心理，觉得大的让小的，哥哥照顾弟弟天经地义。但弟弟对哥哥也要有爱的反馈，比如爱的童言童语、好吃的留给哥哥、为哥哥买礼物。总让一方牺牲自己的喜好去照顾另一方，时间久了我们都习惯了，付出多的一方会委屈、会难过、会心态失衡。

第三，矛盾先让孩子处理。男孩之间产生摩擦在所难免，父母不要着急干预评判对错，尝试让他们解决。一方面，培养孩子沟通解决问题的能力，另一方面，摩擦也是二人感情升华的机会。兄弟之间小打小闹不用去劝，双方气消了自己就和好了，父母出面增加了事情的复杂性和严重性：父母评断不公，加剧矛盾的同时增加双方的怒气。父母出面的话要记住我们是对事不对人，不上升到对孩子人格的评价，更不因年龄而有所偏颇。

第四，多点关注给话少的孩子。我们自然地喜欢会倾诉、撒娇、黏人的孩子，话少的那位因为不善表达，更容易隐藏情绪成为我们忽略的存在。他们少了很多发泄渠道，反而更需要父母的关心。

　　父母不用把精力花在如何平衡二人的关系让他们都感到公平，因为我们很难做到在任何事情上都可以分毫不差。我们可以把精力放在给他们创造条件让他们互相帮助，共同完成一件事上，让他们相互关心，相互体谅，孩子们相处的过程中会形成他们的相处模式，反而不用过多地去平衡。

家长发现孩子和异性同学相处很密切，经常微信聊天分享心事，两个人学习都很好，感觉二人属于正常友谊，但就是很担心，总想干预。

北京市第二十一中学　韩殿臣

在孩子的成长过程中，对于异性交往的话题，像治水一样，"疏"要比"堵"效果更好。

建议可以通过如下的方法去试一试，相信会有更好的结果。

（1）经常和孩子主动沟通、聊天。多问一问他身边发生的有趣的经历、经常挂在嘴边的好朋友，并对他身边的好朋友进行"理性评价"，鼓励孩子多和身边的朋友交流沟通。——帮助孩子树立正确的交友观念和方法，鼓励孩子多交友、交益友。不能"陷在小朋友圈"中。用沟通技巧让孩子接纳您。

（2）明确告诉孩子"我对你很满意"，你身边的朋友同样也很优秀，希望你能从朋友身上，学到更多优秀的品质。——告诉孩子，优秀的人身边是不缺朋友的。要通过自己的努力让自己变得优秀，从而拥有更多的好朋友。一个人只有自身变得优秀了，才会有更多欣赏你的人。

（3）发现孩子开始"疏远自己"，请家长不要失落。这是孩子成长过程中，必然要经历的，因为陪伴他们更多的还是身边的同龄人。家长如果非要干涉，往往会适得其反，聪明的家长，更多的应该是陪伴而不是说教。陪着他多做一些感兴趣的事，如体育活动、亲子出游、家庭阅读和家庭分享等，多创设一些吸引孩子、能够感受到亲情和温暖的活动。——这样能更好地拉近亲子关系，让孩子真正地和家长"亲密无间"。

（4）给孩子以信任和空间。家长既不能过分"打听"孩子的异性朋友，也不能"放任不管"。既要表现出信任，又要让孩子能感受到父母的关爱和温暖。同时不要因为"过分紧张"，对孩子的每一个行为、动作、每一条消息都"上纲上线"。真的发现孩子有些许的变化，也可以用平常心和孩子做一次开诚布公的谈话。——和孩子沟通、谈话，切忌"捕风捉影"或"理所当然"，要用事实来沟通，让他们自己认识到自己的变化带来的影响，这样对他们调整自己的行为和状态效果更加明显。

（5）和孩子聊一聊自己的愿望和自己的榜样。对于出现的一些小状况，父母可以提出合理化建议，要学会利用"内驱力"来帮助他们成长。在和孩子谈榜样的时候，要给孩子更多的信心，告诉他们，你有潜力超越榜样，我看好你！——不要低估孩子的愿望和目标，更不要看不起孩子的愿望和目标，只要孩子自己想做好一件事，往往他会付出百倍千倍的努力，这就是他们的"内驱力"。我们父母需要给予他们更多的信任和背后的支持。

（6）家长要时刻注意自己的言传身教，用实际行动给孩子做出榜样。对于孩子出现的"异性交往"问题，家庭成员之间可以在家庭对话中，给孩子传递出正确的处理方法和观点，往往这种"不经意的表达"会让孩子更有收获。——家长的榜样示范作用，会影响孩子一生的。

在"家庭沟通"中，绝对不能出现如下语言。

1. 你让我以后还怎么相信你？

谁家孩子还没做过错事、撒过几个小谎啊？我们发现了怎么应对才是关键；都知道屡次犯错、撒谎不是好事，但打骂只会让他更不敢说真话；爹妈都不信任孩子，还有谁相信呢？

2. 你太不争气了，我对你很失望！

父母总是对自己的孩子抱有很大的期望，这种期望强加在孩子身上，就变成了压力，也就导致了父母们的期望越大，失望越大。

很多父母的要求和希望太"粗暴简单"了，就是"听话"和"好好学习"。孩子不会天生就会听话的，他需要不停地"犯错误"！孩子不会天生"好好学习"！第一名只有一个，您让他从一入校就开始"争各种第一"，孩子真的做不到！

请大家"戒掉"这句话吧！因为一旦经常让孩子听到这句话，结果只有一个，就是失去自信，什么都做不好。当他得不到父母的肯定时，自尊心一点点地被父母的话所磨灭。

3. 我说不行就是不行！

您说不行就不行啊？凭什么？就凭您是孩子的父母？——为人父母也得讲道理！

"表面上的听话"并不意味着孩子就此信服，往往暂时的沉默会在一次次累积之后，形成更严重的反抗。怕不等于信服，口服不等于心服，家长的威信不应该用在"逼迫"孩子就范上。要尊重孩子的选择，遇到分歧多跟孩子商量，而不是简单粗暴地"一言堂"。

4. 你看看人家"谁谁谁"！

您听说或看到了别人的孩子听话、懂事、学习好、早起早睡、天天看书从不玩游戏。但您看到了别人的家长是如何做的吗？用"不一样的过程"去要求孩子达到"一样的标准"是不负责任的！

很多孩子都是听着父母讲"别人家的孩子"长大的，父母们总是夸大别人孩子的优点跟自己孩子的缺点比，孩子心里多少也曾偷偷地想过：你也不如别人的父母啊!

每个孩子都不是完美的,都有自己的优点和缺点,聪明的父母善于发现孩子的优点,发掘孩子的潜力,而不是只看到孩子的缺点,贬低孩子的能力。

5. 算了,看你以后也就这样了!

父母不断说这句话,孩子就会信以为真的。——"既然您都这么说了,也不要怪孩子放弃自己!"

父母的否定和不看好,其实给了孩子放弃自己的理由。

孩子一旦认识到您对他没有信心了,当他遇到困难,很容易放弃自己,轻易妥协;失败之后也没有从头再来的勇气,会一蹶不振。

永远不要对孩子说"你不行的",赏识和信任才是他突破自己的动力所在。哪怕孩子真的不如您所愿,我们也要"咬紧牙关"带着孩子"动起来"!

小李同学进入初三以来，在学习上表现得比较认真和努力，但成绩总是不尽如人意。家长反映孩子在家里，说什么都不听，经常抱着手机看，写作业也是磨磨蹭蹭，家长说少了，不管用，说多了就急，亲子关系越来越紧张。家长非常焦虑和着急，希望老师能给出具体的帮助。

北京市第二十七中学　贺音

从目前所述，我们获悉孩子在学习上非常认真，但收获不大；家长对孩子很关心，但导致亲子关系紧张。无独有偶，两者都有种没使对劲的感觉。因此，我认为，首先需要扭转家长比较强烈的负面情绪，其次是帮助孩子纠正认知偏差，然后是逐渐缓和亲子之间的矛盾。我们说越是临近大考，越考验一个家庭的整体运行能力。家长看似很关心但关心无果！孩子看似很"努力"，却行为失当（学习磨蹭，频繁使用手机），这些都是缺乏正确的方式方法去引导。

孩子的问题。该生没有一个清晰的学习目标，或者说规划，所以，作为家长，要帮助孩子正确了解和评价自己在学习上的知识体系短板和漏洞，敢于面对自己的问题。我们说，知道事情应该是怎么样，说明你是个很聪明的人；知道事情实际应该是什么样，说明你是个有经验的人；知道如何能让这个事情的进展变得更好，能够解决问题，那才说明你是个有能力的人。而中考选拔的人才恰恰就是这种具有解决实际问题能力的人。

对于家长跟孩子的沟通，要引导孩子学会管理自己的时间，尤其到了最后冲刺阶段，谁赢得了时间的掌控权，谁就赢得了这个赛场的主动权。所以说，对于手机、电视，这些容易成瘾的爱好，如何把控时间，家长可以跟孩子协商，制定一些契约……或者求助第三方，比如说班主任，或者说跟班里的其他同学，建立一个学习小组，这样管理时间就相对容易些。此外，我们也要保证一个有效环节，就是学习外的放松时间。在这个时候，家长可以跟孩子一起做一些有意义的亲子阅读、绘画、游戏、手工等，这样可以转移孩子对手机的注意力。最后也是最实在的就是一些"老生常谈"的学习方法，比如说成绩上不去，一定会有这个缺项或者是漏项，化整为零，找到自己的问题所在，然后针对自己的薄弱环节各个击破，彻底拿下问题，将学习障碍一个一个地扫除，这样成绩就会有相应的提升。

那么，对于家长来说呢？第一个是控制自己的焦虑情绪，避免关心则乱，一定要给孩子时间去思考去解决他的问题，有时候耳提面命的一遍一遍的叨叨，说教的方式太多就会让孩子感觉到是压力，也是对他自己思考处理问题的一种干扰。家长要忍耐，比如说倾听，比如说花时间陪伴，这都是一种尊重的体现！只有你尊重了他的想法，尊重了他应该有的合理的情绪，才能算有效沟通正式开始。所以说要学会适度地放手，多鼓励，多信任孩子。心理学上说，助人自助，孩子的问题终将是他们自己，也只能是他们自己解决，我们不可能越俎代庖！所以说我们要做的就是创造合适的机会，给到恰到好处的引导，用一些比较智慧的方法，巧妙地达到我们的希望。这方面也可以跟一些有经验的专家，或者是学校的老师、心理老师去沟通。

家有中考生，考试的压力会带出方方面面的行为问题，情绪问题，也会产生很多不同程度上的矛盾。处于青春期的孩子、更年期的家长反映的是两代人的认知差异，还有处理问题的方式上的差异。但是"大考"考验的就是一家人的精诚合作，谁有问题都会拖垮整体的战斗力。

刚刚踏入中学，孩子表现出了明显的不适应，作业压力大，一直写不完；考试排名不占优势，一直爬不上去；新融入一个集体，师生关系和生生关系也不够融洽……回来就跟家长抱怨，有点不想上学了。

北京市第二中学分校　魏兴

类似这样的初中新生因经历挫折事件而出现心理困扰的现象是普遍存在的，家长们一定要给予足够的关注。我建议您可以关注如下三个方面。

一、正确理解孩子的挫折

小升初的学生在面对新环境时，很容易因班级位置重新洗牌、朋友交往、师生关系、课业负担、考试评价、作息安排等新问题而经历挫折事件，导致极端负面情绪，甚至出现畏惧学校、不想上学的情况。毕竟，孩子要脱离已经熟悉六年的学习和生活，转而去适应新环境，这对他们来说的确是一个不小的挑战。从整体上分析，刚上初中的孩子正处于心理学范畴的"心理断乳期",此阶段孩子的一个突出心理表现就是极度地渴望独立，而由于孩子在心智和社会经验与各项能力的不成熟，他们还必须借助成人才能达到自己的目标，这种独立倾向与依赖情形间的矛盾极易造成青少年在此阶段更加容易产生挫折感。除了这种共性的心理原因以外，部分孩子由于从小养尊处优、过度被娇惯、受的挫折少等而致其抗挫折的能力较差。当他们在初中新的学习和生活中遇到困难、挫折时，不知道如何应对，不会采取积极、有效的措施去解决，往往采取回避、逃脱的方式，而一些在成人看来不是事情的事情，像受到教师、家长的责备，被同学讥讽了几句等都会让他们承受不了。正确看待孩子所出现的挫折感，家长才能够更有效地引导孩子面对挫折事件。

二、帮助孩子合理认知自我

由于中学在学习和生活上的竞争都比小学有较大提高，再加上孩子也急于在新群体中展示自我、找到自己的位置，因此很多孩子容易出现完美主义倾向，希望自己在各个方面都比其他人强。而当期望值过高时，内心的情绪冲突也就越大，成功带来的满足感越弱，失败带来的挫折感越强。建议您在日常生活中多疏导孩子的情绪，帮助他们了解自己的兴趣、能力、特长、性格以及希望自己成为怎样的人，让孩子知晓自己的优势有哪些、不足是什么，要站在"努力向上跳后，最终能够到"的位置设立合理的目标预期，并不断鼓励孩子去为这些有效目标努力，形成良性的自我评价。

三、培养孩子正确应对挑战

生活中常有挑战，但最终出现问题的孩子大都是没有做好应对挑战的准备。建议您可以多教育孩子正确认识环境、了解社会，告知他们"不是所有的事情都能在短时间内用简单的方法就可以解决"的道理。当孩子在学习和生活中遇到困难时，您一定要先让孩子克服依赖思想，鼓励他们独立面对困难，切不可一切事务都由家长代劳或解决。在日常生活中可以多培养孩子乐观稳定的情绪状态和坚忍不拔的意志力，使其在面对困难时有足够的心理承受力和挑战自我的勇气。同时，也建议您多为孩子创设一些具有挑战的情境，引导孩子从畏难情绪转变为挑战斗志，让孩子在家长可控的前提下去练习挑战自我的自信和方法，如孩子在和新同学交往中总有问题，就可以多鼓励孩子去参加社区活动或家庭聚会，让孩子在实践中接受心理考验，掌握更多的方法。

总之，面对小升初的不适应，家长首先要转变心态，调整家教方法，这样才能让孩子不断进步。

某男孩进入初中，不再像小时候那样听话，说什么不听什么，尤其是学习，明明自己不努力，还找一堆理由，为此经常发生亲子冲突，有没有改善的办法？

北京市第五十中学分校　郭俊

　　孩子进入初中以后面临着各种变化。对于家长来讲，也要适应这种变化。进入初中的孩子到了他人生中的第三次叛逆期，也就是12岁到15岁这个阶段。学生的生理和心理进一步发育，这个时候孩子的身体激素不稳定，这种不稳定性可能会导致情绪的难以控制，更容易出现和父母的冲突。所以给家长的建议是，要接纳孩子情绪的变化。孩子的自我意识、独立意识日益增强，觉得自己大了，很想表现出成熟稳重的样子，所以不像小时候那样按照家长的意愿去处理问题。有的孩子可能用跟家长唱反调、对着干的方式，来表现自我意识。

　　家长要怀着平常心看待，接纳孩子的这种变化，还要关注孩子成长中的矛盾和困惑。很多时候我觉得孩子就是表达方式的问题，他表现出来的和内心实际上是有冲突的。这个时候家长要引导孩子把心目中的困惑说出来。在交流的过程中，要平等地对待孩子，不能因为孩子没有像小学一样完全听家长的，就凡事都给他贴上叛逆的标签。

在教育教学过程中，我们可能会发现，很多家长，都觉得自己家孩子是努力不够的。我们要跟家长沟通，就要了解孩子的特点。初中和小学的学习不太一样了，更注重自主和独立思考，这个时候要给孩子一定的时间。对家长来说，虽然孩子没有完全按照家长的要求去做，但是该做的都做了，这个时候也不用过分焦虑或过分关注。如果孩子是需要被鼓励型的，又是另外一种处理方式。比方说孩子觉得考好了，但是家长也会说孩子不努力；考不好，家长也看不到孩子的点滴进步；孩子比上回多了一分，本来挺高兴的，上回答错了这次对了心里还有点小确幸，但是家长也都感受不到。所以有时候学生可能有一种自我防御的机制，就是找外部原因来搪塞，其实也是维护自尊心的一种表现，好像告诉家长"我也没那么差"，这样的孩子，就需要家长多找一些他的闪光点。

还有一种情况，有的孩子确实学习困难，大部分任务完成起来很困难的。孩子自己知道学不会，但是也有自尊心，不想让别人觉得是自己学不会，可能还会找一些外部理由。对这样的孩子，也不要让他觉得在父母心中是一事无成的。家长要关注孩子的学习困难，必要的时候进行学习的陪伴，同时多鼓励、赞美，找他的闪光点，让这样的孩子和自己相比有进步。

进入初中的孩子，面临着他们人生中的一道分水岭，这也是孩子成长过程中的一次爬坡行动，作为家长，在孩子爬坡的过程当中一定是带一把、推一把、帮一把。老师也好，家长也好，在陪伴的过程中，和孩子能够达到一种共同的成长，这样，亲子关系、师生关系会更加融洽和谐。

家长对孩子教育的过程中，孩子情绪常常异常激动，或者说话不友善，或者表现出不耐烦。家长得不到有效沟通，向老师请教解决办法。

北京市第五十中学　姚瑶

第一步：共情及明确需求

　　家长朋友您好，从您的文字里可以看出在您与孩子的沟通中，出现了一些困难。让您感觉不理解，希望得到一些支持和帮助。

第二步：帮助家长了解初中生心理特点

　　想要找到问题的解决方案，咱们要先从理解孩子的心理状态开始。进入初中，孩子是一种怎样的心理状态呢？

　　初中孩子已经进入人生重要的发展阶段：青春期。青春期里的孩子处于心理断乳期，在这个特殊时期，孩子们会变得更敏感。在心理上逐渐产生了成人感，但从他们的阅历和思维能力上看，他们还属于半成熟状态。因此，他们也许会从心理上过高地评价自己的成熟度，认为自己的思想和行为属于成人水平，要求与成人的社会地位平等，渴望给予他们成人式的信任和尊重。但在他们的实际行动和表现上看，我们、他们言行有时不一致，不太自律，不够负责任，这又是青春期孩子不成熟的那部分表现。这是发展中的矛盾，是人生必经的矛盾冲突，是青春发育期的少年儿童不能回避的最基本的矛盾。

在与成人的关系方面（亲子关系），孩子们一方面要求在精神生活方面摆脱成人，特别是父母的羁绊，而有自己的独立自主的决定权。事实上，在面对许多复杂的矛盾和困惑时，他们依然希望在精神上得到成人的理解、支持和保护。有时候也许您会发现，在自己不能表现出理解孩子的困难和痛苦的时候，孩子会表现得非常失望。

而孩子们的心事常常隐藏起来不愿意与家长分享。将自己的内心世界封闭起来，不向外袒露，主要是不向成人袒露，这是因为成人感和独立自主意识所致。认为成人不理解他们，而对成人产生不满和不信任。

青春期的种种特点，不一定每个孩子都样样具备，但这个冲突矛盾又是成长的阶段，是每个孩子都要经历的。

第三步：提供亲子沟通建议

进入青春期，和孩子的沟通更需要注意方式方法。伴随着孩子的成长，亲子沟通也需要不断地迭代升级。青少年是一群需要温暖拥抱，但又不能抱得太紧的孩子。他们需要您"给予空间、保持亲近"。给您介绍一些与青春期孩子的相处之道。

1. 沟通先立身——注意言传身教

家长的举止言行，都在向孩子们传递信号。

青春期孩子的价值观在建立中，父母如果经常释放一些消极信号，孩子特别容易领会到，使自己变得偏激片面。家长要有积极的心态，保持读书锻炼、规律作息的好习惯，用实际行动为孩子树立榜样，如你跟孩子说，你得锻炼，然后自己窝在沙发上刷手机，这就不合适了。

2. 沟通有基础——建立良好关系

想和青春期的孩子和谐相处、沟通顺畅，首先要处理好的是和孩子的关系，需要家长先降低自己的身份，和孩子搞好关系，拉近彼此心灵的距离，和孩子成为朋友；其次是处理好和家人的关系。

（1）您需要学会倾听，聆听孩子心底的声音。

通过倾听，家长向孩子传递一种信息：我尊重你，我关心你，我在用真诚平等的态度听你说话。您可以试着学一学以下几种倾听技巧。

①积极地回应。如身体前倾、表示同意的点头、积极的目光注视、温和地抚摩等。

②简单评论。当孩子说的时候，不要随便打断孩子或者批判孩子，用理解的语言给予孩子反馈。说出你对孩子所做事情或者所说话语的感受即可。

③抑制争论的念头。有时候你和孩子的观点会有很大的分歧，当孩子说的你不赞同时，不要打断孩子，学习控制自己，争执会破坏沟通，造成隔阂。

④表达认可。把孩子要表达的信息重新叙述一遍，"你的意思是不是……"或者"我觉得你说的是……"，抓住孩子的谈话重点，适时表达自己的意见，肯定孩子的谈话价值。

（2）家庭教育需要家庭成员的协作。

无论男孩子还是女孩子，父母在教育中都有其重要的位置。如果其中一方之前参与较少，那么需要您主动地加入进来，另一方也需要您多多表扬鼓励。遇到分歧通过协商沟通求同存异，避免"一人一套"和"朝令夕改"。

3. 沟通有重心——给予具体指导

家长经常抱怨"我的孩子不听话"，到底是什么原因造成的？尤其是当孩子遇到问题时，家长无从帮助解决，有的时候家长罗列了很多方法，孩子觉得听了也没用。

当孩子需要父母帮助时，父母要真正看见孩子的问题并给予孩子意见指导，可以和孩子一起头脑风暴，记下每一个解决方案，再和孩子一起讨论确定解决问题的途径。

4. 沟通有禁忌——不要唠叨

调查结果显示，中学生对父母最不能容忍的地方是唠唠叨叨。唠叨中往往带有指责、批评或报怨，有时甚至讽刺挖苦，没有明确的目的或要求，让孩子无所适从。有时，是父母的言语把孩子从家长身边推开的。

试着体会孩子的情绪和想法，理解孩子的感受和立场，站在他的角度来思考问题，用他可以接受的方式来解释。家长自己更要保持乐观，营造轻松的生活氛围和学习环境，避免孩子沉浸在负面的环境中。了解孩子，支持孩子，您是孩子最好的引路人。

孩子使用电子产品无节制，家长采取多种方式进行教育，但觉得效果不理想，希望老师通过没收手机或者心理疏导等方式帮助家长达到管控手机的教育目的。

北京市第五十五中学　张晓玉

建议一：由学校搭建平台，让家长，孩子，老师坐在一起，共同进行一次关于电子产品使用的沟通，进行相关规则的制定

学校搭建平台有以下好处：（1）体现学校重视孩子当下的问题；（2）为家长和孩子沟通搭建一个平等的平台，教师通过引导、介入等方式，确保家长、学生用有效的沟通方式交流，并完成预设交流的内容；（3）给予家长信息的支持，对学生提出的学校要求或学习需求进行证实和甄别。

由学校辅导制定的电子产品使用规则更加贴合学生个性化需求，也更加明确电子产品的使用限制。同时可以确定违反规则后的处理方式。教师将班级对电子产品使用的要求和学生情况整合成规则大纲，再由家长和孩子在大纲基础之上协商具体方案。讨论的过程中要以尊重孩子为基础，认真听取孩子对电子产品的需求，给予孩子一定决定的权利；也让孩子明白现在无法独立设计一个完整的规划来解决使用电子产品的问题，我们一起商量，是在共同完善计划，一起解决问题。避免孩子在解决电子产品使用这个问题中，将家长、老师放在自己的对立面。不让孩子通过使用电子产品来抗争家长的教育管理，把它具象化成独立自主、个人抗争的符号。履行规则的要求是孩子建立良好习惯与错误进行斗争的过程，孩子是解决使用电子产品问题的主体人，激发他的主观能动性。他的行为是跟自己做斗争，家长和老师在这个过程中，始终与他站在一起，是他的助力。制定规则并履行也是在提升孩子自我管理能力的同时，培养孩子的契约精神。

建议二：请家长做好监督中的行为调整以及心理调整

老师要跟家长和学生明确，督促孩子落实使用规则的方法，以及评估孩子问题改正情况的方法。家长的督促行为不能逾越家庭教育的红线，如在孩子不知情、不允许的情况下，翻看、操作手机，私安监控等。这种督促行为让孩子感受到很强的攻击性，带来的效果很低甚至有副作用。比如展示手机使用时长、电子产品在学习时交由家长保管等行为，让家长、孩子都认可。孩子在此时沟通中的认可，也是家长后续跟孩子进行沟通、教育的一个依据。家长后续对孩子的教育，都可以围绕这些约定进行。家长还要定时、定期评估孩子使用产品的情况。评判方式包括：使用时长、使用方式、是否因为使用问题与家长发生冲突。多维度的指标，去寻找孩子的提升点，进而鼓励孩子坚持进步。

改正过程还要家长做好心理准备：一个月，甚至更久的督促准备。避免监督误区，如孩子刚坚持三五天，家长就认为孩子习惯已经养成，相信孩子可以自律下去从而放松督促。家长要在做好赞扬孩子的同时，做好孩子反复的心理准备。赞扬奖励要使用正确的方式，结合多维指标进行表扬，同时奖励要有正向作用，小红花、口头表彰等精神鼓励也有很好的效果，不能将破坏规则的行为变成奖励，如多玩电子产品。如果孩子行为反复，家长也不要错误地批评孩子。错误批评的后果会打破平等的沟通环境，引起学生的逆反。一种错误是枯燥的重复，反复强调孩子不应该错，错了代表什么；一种错误是过分延伸，延伸这个行为的严重性，如今天违反一条规定，对孩子说你没有兑现你的承诺，不守信用，明天就会发展成骗子，后天就要违法犯罪了！我们希望家长能够就事论事，就错误问题进行一个客观、精练的批评，如你这个行为做错了，超过咱们的规定是不对的，我们要按这个规定再去做什么。不多做思想教育，要坚决执行规则要求。就孩子当下的心理特征而言，近期目标是推动初中生心理活动的主要动机，他们很难把自己的行为跟远大的目标真正联系起来，包括家长认为的可能再往后一两年的中考，甚至更往后的人生对他的重要影响，孩子很可能不理解家长的焦虑。

同时也提醒和宽慰家长，不将小挫折放大给孩子和自己。在纠正习惯的过程中，行为反复非常普遍。"事物发展是前进性和曲折性的统一。"所以家长不要就小挫折去过分批评孩子，也不要过分贬低自己。将孩子的行为反复认定为教育行动的失败，进而终止教育行为，结束此次教育再换新方法，会使家长陷入总在尝试不同教育方法却不能坚持下去的循环陷阱。

建议三：空闲时间的填充

孩子需要活动来满足社交需求、心理需要，以及消耗精力。我建议家长可以在放学后，定期与孩子一起运动。频次为：每周两至三天。家长可以选择一些自身水平不高的体育运动，让孩子在运动中对家长进行指导，进行帮助。让孩子有成就感的同时，还能发展孩子兴趣、拉近亲子关系。还可以选择如拼图、制作模型等活动。通过共同的兴趣爱好填补孩子的空余时间，能够减少他对电子产品的一些需求和依赖。

建议四：孩子如果出现了心理上的成瘾性症状，就需要更多的专业机构介入

希望家长求助于专业的心理辅导治疗进行干预，同时学校的心理老师作为补充。

请家长有信心并坚持下去，相信在一定时间之后，缓解甚至解决您认为的这种无限制的症状！

爸爸发现上初中的女儿无心学习，有早恋的问题。尝试联系学校老师处理，自己控制孩子手机，甚至直接给孩子的同学发信息来管理。由于是单亲家庭，平时两人的沟通就不太顺畅，尤其是涉及学习方面，三言两语就会激化成争吵，还在教育过程中动过手。后来孩子采取伤害自己的极端行为来对抗家长的教育。家长寻求帮助，该如何解决孩子的早恋及过激行为问题。

北京宏志中学　刘梦喆

想给家长五条建议。

第一，要做到平心静气，坦诚。处于中学阶段的学生往往进入了叛逆期，这个阶段的孩子自尊心特别强，叛逆心也重，有时越是家长抵制的事情，他们反而越要去做。所以家长尽量不要粗暴地去解决和干涉孩子的早恋问题，可以找个合适的时机，像孩子的好朋友和知己那样开诚布公地跟孩子交流早恋的问题，帮助孩子理智地认识到早恋的危害。

也让孩子不至于过度沉迷，而做出出格的行为。

第二，要给孩子更多的爱，这并不是说家长给孩子的爱不够，爱的方向可能要改变一下，或者是换一种方式。研究表明中学生早恋在很大程度上就是跟孩子缺少父母对自己的关爱有关，就像我们这个孩子，因为从小不跟母亲在一起，所以母爱就是缺失的，父亲再不跟她交流，她就会觉得自己有很大的缺失，没有人关注，所以不论是为了预防孩子早恋，还是为了解决孩子的早恋问题，父母都应该对孩子投入更多的关怀和亲情。这就与我们原生家庭有关，有些情况无法解决，奶奶和爸爸在日常生活中可以在细节地方更加关心一下孩子，如早起后的嘘寒问暖，让孩子知道自己时刻被关心着，或者是就像朋友一样，简单聊聊天儿，这几天都发生了什么，让孩子觉得自己在被关心关注着，而不是那种家长说要你怎么样就要怎么样。

第三，鼓励孩子多与不同的异性交往。这个爸爸觉得孩子有早恋倾向，就会限制她，让她不要跟这个男孩说话了。应该鼓励孩子与更多的异性交往，这样才可以分散她的注意力，不能因为孩子跟异性同学打电话发短信出去玩就一味责骂孩子。青春期是人生发展的一个重要阶段。在这个时候学习如何处理人际关系也很重要，也有利于促进青少年的身心发展和社会性发展。如果孩子不能在青春期阶段学会与异性相处、沟通的能力，那等他们长大以后也不会处理人际关系。再说远一点儿，可能对婚恋观念都会有极负面的影响，所以说我们现在就要为孩子以后的人生道路做准备，家长不能禁止孩子跟异性交往，而应当鼓励孩子与更多的异性同学建立友谊。

第四，多和孩子聊天，注意孩子的思想动向，可能爸爸跟孩子沟通就是很少，父亲应该多交流而少说教，如果只是一味地说教，就会让孩子越来越疏远家长。家长可以安排一些亲子活动，如周末去看看电影儿，或一起进行一下体育运动。因为家长在孩子面前没有吸引力了，所以他们什么都不愿意说，就会出现上课不听、玩儿手机、早恋等一系列的行为。希望家长能跟孩子像朋友一样聊天儿，鼓励孩子说出自己的想法，而且不要刻意地说，避免在孩子面前将青春期恋情一刀切，这个地方我不谈，你就不能再去做。孩子和家长越是开放、坦白地和孩子谈这个青春期恋情的事，孩子越能打破对这种早恋的神秘感，他反而会对那个部分没有那么奢望，那么向往。

第五，及时与班主任沟通。家校协作是法宝。无论采取什么样的办法，最重要的是忍耐、等待和尊重。家长的心都很急，孩子也都出于好心，但是还是要慢下来，让自己静下来，充分地站在孩子的角度去考虑一些问题，充分地尊重他们，这样才不会疏远孩子，才不会产生更大的隔阂。青春期的孩子都有一些自己的小个性，都会出现一些所谓的极端和反常的表现。他们还不能像成人一样稳重成熟地思考问题，出现这些冲动行为，也与孩子的原生家庭、相处的群体有关，所以不仅孩子要成长，家长也是需要成长的，一定要冷静，在有更多的耐心处理与孩子之间的摩擦中慢慢进步。以后等到孩子上高中和上大学，会对处理和孩子之间的事情变得更加从容。现在主要是帮孩子度过青春期，这样才能让他以后的道路更加平坦。

孩子回家后家长经常发现一些情况，比如铅笔盒、书包被同学弄脏了，衣服被签字笔划了一道……请问老师，我家孩子是否遭受了校园欺凌呀？

北京市第一六六中学　闫雪东

首先要了解孩子的一些具体情况，比如原来是否发生过类似的事情、孩子回家后的情绪跟原来比有没有明显变化……

继而，我们需要了解孩子的想法。他认为是同学之间闹着玩，还是恶意为之？对于学生来说，男生之间闹着玩属于很常见的现象；异性之间，男生会通过这样的方式来吸引女生的关注。当然，如果这样的事情反复出现，情况恶劣，且孩子并不知情，甚至由于这些事情影响到他的情绪，那么确实需要引起我们的重视，需要调查清楚事情的具体情况，从而避免反复发生，减少对孩子的影响。

如果确实不是闹着玩，而是属于后面的情况，我给您以下几点建议。

首先，了解实际情况，根据实情来解决问题。

您可以跟孩子就这件事情进行沟通，问问孩子在学校有没有与同学发生矛盾，有没有做过一些可能引起其他同学误会的事情，或者说了一些不合时宜的话，而导致其他同学采取"报复性"的做法。特别是后两种情况，中学生属于比较敏感阶段，有时候同学之间的矛盾不一定是直接的，有可能是不经意间发生的，孩子的包容性不强，容易采取一些错误的做法。如果孩子不太确定或者说不清楚，那就让孩子在后面的时间里多观察，或者让跟孩子关系较好的同学帮助他观察，到底是谁做了这些事情。也可以求助班主任，班主任对班级内的情况比较了解。如果经过班主任的调查，了解到是哪位同学做的，也不要着急自己直接去询问，而是由班主任出面找到那位同学进行具体沟通，了解事情的起因和经过，最好让孩子之间相互解释、道歉，不要让班主任做全班性的批评，避免影响孩子后续的同学关系。

　　其次，您要关注孩子的情绪变化，但不要把事情直接上升到"校园欺凌"的程度。因为您的情绪会直接影响到孩子，如果反复强调"校园欺凌"，那么孩子也会由此而产生心理上的变化，而让孩子觉得自己受到"欺凌"，在以后出现问题的时候，时刻将"欺凌"摆在前面，不能够合理地解决和同学之间的问题，进而影响孩子正常的社交和社会适应能力。

我们应该教会孩子宽容，在遇到问题的时候，一方面要寻找自己的问题，一方面要站在对立面去思考别人为什么这么做，尝试理解别人，宽容别人，这样的做法能够让他与同学之间更好地相处，更容易在面对问题时有积极的心态，从而更好地立足社会。

我的孩子最近情绪低落，作为家长很着急。沟通过程中孩子要么沉默、要么发脾气，我们真不知道该怎么办。

北京市第九十六中学　李建楠

您家的孩子正在上初二，性格开朗，近期情绪不太稳定，拒绝与家长交流，我们必须先保持稳定的情绪，才能帮助孩子解决问题。

正面和孩子沟通会产生矛盾，那么就先从孩子的好朋友或者关系好的同学入手，问问孩子最近有没有什么异常，如果孩子平时性格开朗，也可以侧面问问班主任老师是否了解孩子的情况，是学习上的问题，还是学校发生了什么，抑或和同学交往的问题等，先找到问题所在，然后再对症下药。如果孩子性格内向不愿意和人说话，甚至没有好朋友，不妨先放一放，利用观察法观察孩子在家的情绪变化，上下学接送孩子时孩子的表情，等到孩子想说或者想把发生的事情写下来时，再解决也不迟。如果妈妈解决不了，那就尝试着让孩子信任的人去解决，比如爸爸或者姥姥。另外，观察孩子是否是由于身体原因导致情绪低落，如果是，马上送去医院，不能耽误。

针对现在的情况，给您几条建议。

首先，不要将问题和孩子画等号，认为这是个有问题的孩子，要解决问题，只能是改变这个人。"问题是问题，孩子是孩子。"当将问题内化为孩子的人格特征的时候，就会将重点放在孩子的人格特征上，这无疑是将问题扩大化了。

其次，要尊重孩子的独立人格和自主性，要让孩子在力所能及的范围内独立自主地去面对和解决问题。根据维果斯基提出的最近发展区的概念，在遇到某些略微超出孩子力所能及范围的问题时，家长可提供一些指导和帮助，鼓励孩子去挑战，从而达到促进孩子解决问题能力和善于钻研学习能力的提升。

最后，倾听似乎是正常的父母都具备的能力。倾听，是听孩子说什么，而不是根据孩子的话语，通过自己的生活经验和知识等进行重新翻译和阐述，这样很容易对孩子真实的想法产生误解，从而在沟通上误入歧途。倾听，要一边听孩子的叙述，一边听出孩子叙述背后真正在乎的东西和诉求，这才是倾听的最大目的。

如果孩子是在学校发生的事情导致有这样的情绪变化，那么作为孩子的班主任，肯定要竭尽全力帮助孩子，如开班会或者单独找同学沟通，青春期孩子叛逆，多半由于不愿意和家长老师沟通导致，家长较为被动更得"沉得住气"，解决问题的核心就是对孩子的包容、等待以及陪伴。

　　每一位孩子的花期不同，作为孩子的引路人，有时候在旁边静静等待也是一种好办法。

> 我的孩子可能比较敏感，总觉得同学对他不怀好意，和同学之间也易发生冲突，所以他没有什么朋友。您说我们作为家长该做些什么来帮助孩子？

北京市第二中学分校　刘芳娜

孩子正处于青春期，正在经历身体上的发育和心理上的发展、转变，容易对新事物、新事情产生不同的反应。这些现象，大多数孩子在成长过程中都会出现。孩子与同学们的关系大多与目前的成长阶段有关。

结合情况，建议您多花点时间陪伴孩子。在陪伴的过程中，多做以下事情。

一、多换位理解

青春期的孩子会逐渐不再愿意与家长沟通，所以需要您先做出调整，尝试主动、耐心地与孩子沟通。沟通时，多倾听孩子内心的声音。孩子的心里会有很多自己的想法，让孩子表达出来。当您不理解孩子的行为时，建议您换位思考孩子为什么会这样做。当孩子得到您的理解后，他会向您倾诉更多事情。其实，很多问题需要您用心去感受，站在孩子的角度去看待问题，多为孩子考虑，通过心灵的沟通能更好、更高效地解决问题。

二、多鼓励孩子

青春期的孩子比较敏感，易缺乏自信。沟通时，尽量多找孩子的优点，给予鼓励，尊重他的想法，与他做朋友，倾听他的需求。不要用命令的语气与孩子说话。在孩子做事情的时候，他需要被认可、被肯定，所以您要相信孩子的能力。即便以您的经验，判断孩子可能会失败，也不要去怀疑，允许孩子按照自己的判断、自己的方式去做事，让孩子在尝试的过程中不断自己调整和自我积累。您需要做的是信任、支持，从而增强孩子的自信心，以减少孩子敏感、脆弱的心理。

三、多率先垂范

青春期的孩子很敏感，您应该注意自己的言行，给孩子树立正确的榜样。您是孩子的第一任老师，也是孩子最亲近的人，您的不好的行为习惯一定要立刻改正，避免对孩子产生不良的影响。同时，为孩子营造一个轻松、乐观的家庭环境。这在给孩子树立了一个正面榜样的同时，也给孩子打造了一个健康友好的成长环境。这既有利于孩子的身心健康成长，也有利于与孩子和睦、融洽地相处。

四、多给予权利

孩子长大的标志就是能够行使一定的权利。您一定不要包办孩子生活的全部，适当地给孩子留出一点空间、留出一定的自主权，让他按照自己的兴趣和意愿去处理一些问题。您可以平时多举一些事例给孩子——如果是我遇到这个问题，我会怎么处理。生活中遇到一些小事情尽量鼓励孩子自己作出选择，让孩子有自主权，这样孩子会形成自我决策的能力。在家庭决策中，也问一问孩子的意见，让孩子参与决策，强化树立家庭重要角色的意识。

另外，作为孩子的老师，我也会多关注孩子，让班级的小干部们主动、友好地增加与他的互动。我会给他们安排一些小合作、小展示，希望在他们更多的合作交流中孩子能够感受到集体的温暖。我也会找时间和他聊聊，给孩子布置任务，适当地表扬孩子，增加孩子的自信心，也有利于孩子在集体中找到适合自己的位置。

孩子回来闷闷不乐，把自己关在屋子里，怎么说也不听，拒绝与我们沟通，怎么办？

北京市广渠门中学　唐晴

初二的他原本很开朗，只是近期出现了这种情况。青春期的孩子们希望自己不再依赖家长，渴望独立解决问题。但是他们往往陷于一种矛盾中：渴望成熟与独立，但情感与解决问题的方法却是稚嫩的，这样的反差让他们纠结，会让他们身边的人感觉他们似乎突然"沉默了""焦虑了"，甚至"不可理喻了"。

我的建议如下。

第一，克制家长自己的焦虑，选择忍耐。这样，就给了孩子独立思考的时间、独自平复情绪的时间、独立处理烦恼的时间。您的忍耐在孩子看来更是一种尊重，这是青春期的孩子最期盼得到的。

第二，调适家长自己的心境，做到"三别"。

别太关心。无微不至的关心带给青春期孩子的会是强烈的束缚感，尤其是唠叨似的关心是孩子最厌烦的。

别太有好奇心。您没有控制住自己的好奇心破门而入一定要问个究竟是对的，但可以与孩子在家庭以外的环境中试着去聊一聊，比如在郊游的放松状态下。您还可以与孩子的班主任进行沟通，了解一下孩子在校的交友情况，寻觅到问题发生的根源。信任老师，与老师相互配合是非常重要的。

别太热心。如果真是孩子在学校受了点小委屈，您就冲到学校"要个说法"，那一定会适得其反，会让孩子觉得"没面子"，也会失去孩子对您的敬重。做孩子安静的守护者，是对孩子成长的巨大助力。

无论采用什么方法，核心就是您的忍耐、等待和尊重。

青春期的孩子，都会有一些所谓的"反常"的表现，这是正常的。孩子与成长的环境、与相处的群体都会产生不同程度的矛盾，而这种矛盾是成长中必不可少的磨合，磨合就会有不适感。所以不仅孩子要坚强，家长也同样需要坚强。

孩子作业写得特别慢，晚上7点到家写到半夜12点。经与学校老师沟通普遍反映，其他同学大约在九十点钟完成作业，明显感觉是写作业慢的问题，家长痛苦孩子也痛苦！请问老师，您有什么办法能帮助孩子提高时间效率吗？

北京市第五十五中学　王艳

首先，我想跟您了解一下孩子在家的情况，家庭成员都有谁？平时谁管孩子更多，孩子更愿意跟谁沟通？您是从什么时候开始发现孩子写作业慢的？孩子在小学时写作业的情况是怎样的？孩子写的都是学校留的作业吗？孩子写作业时都在学习吗，还是在干别的，比如发呆，看手机？孩子写作业时您都在做什么，是陪着还是干自己的事？孩子最近在学校里、家里有没有什么事情发生，比如考试失利，或者有人际关系紧张。

我想给您提供三个建议。

（1）请您先调整自己的焦虑，抚平情绪，当自己慢慢平静下来后，可能会看到更多的解决问题的方法。如果您减少了焦虑，孩子应该也会很快感觉到您的状态发生了变化，那么他也会慢慢平静下来。关于作业的问题，您可暂且不提，这么做是为了把问题解决的责任还给孩子，给孩子时间去思考，让他自己负责自己的作业问题。如果您能做到这一条，事情就成功了一半。

（2）等您的情绪调整好，建议您找个时间跟孩子详谈一次，跟孩子谈一下自己的想法，也听一听孩子的想法，孩子认为写作业慢的原因有哪些，自己目前写作业最大的困难是什么，他需要什么样的帮助。这样做的目的还是把解决作业写得慢的主体责任还给孩子，让孩子对自己的事情进行深入分析、思考解决办法。

一般来说写作业慢的原因主要有四类：一是因为对知识的掌握不熟练，所以写作业时有困难，导致写得过慢；二是自律性不够，写作业时总干其他的事情比如玩手机、发呆等，导致作业不能及时完成；三是因为不会做学习规划，导致学习时没有条理，拖延时间；四是其他的一些心理层面的原因。

您帮助孩子了解到他真实的困难之后，可以帮助他一起对症下药，如果是因为知识掌握得不熟练，那么我们可能要帮助孩子调整一下上课听讲的效率，可能还需要您帮孩子在已学的知识上进行查缺补漏。如果是因为自律性不够导致写作业过慢，那么我们可以问问孩子有什么办法可以减少分心；如果是缺少学习规划能力的话，那么我们可以帮孩子学习一下时间管理的方法。当然，这时我们也可以建议孩子主动寻求班主任、任课老师，甚至是心理老师的帮助。

（3）帮助寻找孩子生活中的成功经验。我相信您和孩子为了解决问题，一定已经做了很多努力，这些努力和尝试中有无有效的时候，哪怕只是一天、一次有效，那么有效的那次，大家都做了什么，怎么做到的？帮助孩子回忆自己那时是怎样的状态，都做了些什么，相信这些成功的经验对孩子依然有效。

如果某一天、某一次孩子写作业的效率提高了，那就要把成功的感觉、成功的做法记下来，继续去尝试。成功就是把对的事情重复做下去。

其实无论用哪种方法，核心要素都是您对孩子的信任和尊重。把问题解决的主体责任还给孩子，给孩子机会让他学会自我分析，思考解决问题的办法，当然这个过程肯定是需要您的支持和帮助的。

孩子在家沉迷于手机，不写作业、也不睡觉，反复教育无效，寻求解决办法。

北京市广渠门中学　暴秋实

一、基本情况

孩子为初二男生，性格内向，没有伙伴，小学比较听话，进入初中后不爱学习，每天以手机为伴，学校不允许带手机，但到家后第一时间使用手机，使用时间不清楚多久，有时到深夜；父母管理孩子各执一词，父亲主张"棍棒出孝子"，母亲主张"要听从青春期孩子的想法，让孩子在感悟中成长"；老师已多次反馈孩子不写作业，天天睡觉的情况，家里处理方式是批评、抽打，反复使用没有效果，但比较听表姐的（同龄人）劝导。

初二是学生进入青春期表现比较明显的一个年级，尤其是内向的男生，没有伙伴，没有群体力量带动就更容易闭锁在自己的空间里。学习方面，学科数量的增加、学习难度的增大，会导致他更没有信心继续往前走，此时特别容易找到自信的地方就是"网络""游戏"，虚拟空间中他可以是王者，于是更沉浸于此。

在描述过程中我们能够看到除了学习、朋友他没有信心，在家庭中他更是一个矛盾体，父亲过于强势，母亲过于溺爱，这是两种极端状态，导致他不知所从，听谁的都会得罪另外一方，只能谁的也不听，时间长了就形成了叛逆。治病寻根，这是我们问题的根源。另外，他特别听同龄人的劝导，说明他渴望与同龄人交往，这可以是我们解决问题的一个帮手。

二、解决问题建议

第一条：父母提前做沟通，双方达成教育子女合理化、最佳方法的共识。如果实在达不成，就一个管生活、一个管学习，互相不评价，彼此信任。不让孩子有空可钻，知道父母教育思想是一致的。

第二条：家长要克制自己焦虑的心态，尝试想想孩子没有朋友，找不到自信的痛苦，与孩子共情沟通。沟通语言、内容可以如下："孩子，我发现最近你特别爱玩游戏，时间也很长，同时没有与小朋友们一起玩的时间，去找你的好朋友玩吧，他们说挺想你的。"如果孩子此时说自己没有朋友等，不妨听听他怎么说，把话语主动权交给他，让他一吐为快。如果此时他什么也不说，比较排斥家长，可以换同龄的姐姐试试。

第三条：在上一条有进展的情况下，我们可以约一次他喜欢的外出活动，目的是换个环境，让他感觉到轻松，在活动中听听他的心声，与他聊聊学习、交友的问题，争取与他产生共情，但家长要用朋友的语气，不用针对性地批评指责他的问题，仅仅帮他分析问题，让他能够感觉到爸妈是我的朋友，可以倾诉。当孩子能够信任地和我们交流他的心声时，证明曙光来临，打开的这扇门就别用针对性的批评语言再打压回去，心门一旦关上再重新启动就很难了。

此时，借助这种沟通方式，试探着聊聊手机的使用问题，对于手机问题可以达成彼此认同的公约。

（1）时长：切记不能阻止孩子使用手机，因为新时代网络化我们不可能阻断他们，这是一代人的沟通工具。他不获取信息可能在群体里没有共同语言。我们可以信任他，让他有每天不超过半个小时的使用时间，周末可以适当增加但不能超过2小时。

（2）方法：使用前与家长说明做什么，到几点使用完，将手机放到双方都能看到的固定地点，比如关机放在门外的手机口袋里。

第四条：在孩子同意的情况下，陪伴孩子一起读书、一起户外活动，注意此时是全情投入，家长也不要借口工作忙用手机，让孩子感觉到是真心陪伴。

第五条：尽量参加群体活动，如篮球、足球，和伙伴们打场比赛，挥汗如雨，他从内心会感觉到轻松，也会找到自信，同时对于内向的孩子，在这种群体对抗性的活动中可以找到更多沟通的伙伴，找到朋友，找到自信，回归正常生活，这不就是我们想要的吗？开始了正向生活后，我们再慢慢辅导学习，一点点找到自信心，学习自然就会提升。

第六条：与老师沟通家里目前调整的方法和效果，后续多听取老师的建议和方法，家校同步。效果最好。

> 孩子最近总说不想上学，他就真的不去了。我们家长哄着也不行、骂着也不行。这可怎么办呢？

北京市第五中学分校　任诚

针对您的问题，我想我们首先应该判断孩子为什么不想去学校。一般来说，孩子不愿意上学的原因无非以下几种：

严厉的老师，某些老师的严格要求造成孩子的不适应；

学生间的矛盾，总感觉有些同学在孤立自己；

学不会，找不到学习方法或学习压力较大；

性格敏感，家庭要求过严或较容易受到各种刺激；

来学校无聊，枯燥的学习环境和制度，或沉迷于手机等游戏。

我想，我们只有清楚了学生不想来学校的具体原因，才能更好地对症下药。

总体来说，不管是哪一种情况，我们应该做的首先是陪伴，只有孩子和我们的关系亲近了，我们才能更容易地走进孩子的内心世界，孩子也能更愿意和我们交流自己的情况。因此，适当的亲子活动是改善家庭关系最好的方式。比如，一次外出郊游，一顿家庭聚餐，一场集体电影，都是不错的选择。

如果孩子因为前两条原因不来学校，那么我给您的建议是：和班主任沟通，了解孩子最近是否遇到了不太喜欢的老师或者有矛盾的同学，当得到了肯定回复后，我们再与班主任沟通看看能不能协商解决。如果能做到老师、家长、孩子共同坐下来交流，相信问题能得到合适的解决。

如果孩子因为第三条原因不来学校，那么我给您的建议是：先和孩子沟通，看看哪一科或哪几科出现了学习问题，针对这些问题，再和学科老师进行沟通，看看是学习方法的问题还是学习态度的问题。除此以外，这些问题会不会和孩子过高的心理预期有关。我想每个孩子都希望自己能够学习优秀，但是并不是每个人付出同样努力都能得到相同的回报，所以找准自己的闪光点以及对自己有一个合理的定位也是很重要的。

如果孩子因为第四条原因不来学校，那么我给您的建议是：一个温馨的家是孩子最有力的后盾，如果您能营造一个和谐的家庭环境，相信孩子抗挫折的能力必然会有提高。因此，平时希望您能对孩子多一些鼓励、赞美，少一些批评、指责；多用行动影响孩子，少用语言说教孩子；多聆听孩子的声音，少着急评判孩子；多爱孩子本来的样子，而不是爱您要求的样子；多和孩子平等沟通，少居高临下地指使孩子。只要您能控制好情绪，相信孩子也就不会那么敏感了。

如果孩子因为第五条原因不来学校，那么我给您的建议是：一方面和班主任沟通，了解孩子平时在校的学习状态；另一方面，关注孩子在家中的表现，比如具体沉迷于哪些行为，当您掌握了这些情况后，可以找一个合适的时间，和孩子开诚布公地商量手机的使用等问题，如果能制定出一个奖惩措施，如"认真完成一周作业，奖励周末使用手机两个小时"这样的规则，并且双方能执行，相信孩子也就愿意去学校了。如果您和孩子单独制订这样的计划有困难，那么您也可以和老师们商量，在老师们的帮助下和孩子制订计划，提高孩子的学习动力。

不管是哪种情况，核心都是您对孩子的陪伴，毕竟您才是孩子内心强大的重要依靠。只有孩子内心强大，才能更好地面对今天各种学习上的困难以及明天生活上的各种艰辛。相信您一定能在和孩子接触的过程中，保持耐心，静待孩子的蜕变。

> 孩子回家吃过饭就在自己的房间，一直到23：30，我看屋子还亮着灯，就进去问他在干什么，发现孩子还在写作业，咱们作业怎么这么多啊？

北京市第十一中学实验学校　王子尧

一、情况判断

面对这个问题，要冷静地判断。孩子面对写作业困难的情况，会有以下几种可能：第一，作业量确实很大。第二，孩子本身有特殊情况还没有具体地了解到。第三，学习方法和专注度的差异导致有的孩子完成作业速度慢。

东城区落实双减政策，各个学校都十分到位，所以第一种可能性几乎不存在。那么就只有第二种或第三种可能性，需要在谈话过程中有目的地找寻答案。

二、学生问题产生原因

学生写作业慢，会有几种原因。首先是大脑发育的特性会影响学生写作业的速度。在初中学段，孩子大脑的发育导致他不能非常好地控制自己的注意力。因此，经常会出现上课走神，写作业速度慢等情况。将科学理论告知家长，用来安抚情绪、缓解焦虑。

其次，也不排除孩子因自身的特点写作业慢的可能，比如性格、性别，等等。还有可能是因为孩子过于追求完美，对任务充满期待，不希望出错，想得到同学的肯定，老师的表扬。所以反复尝试，导致写作业慢。要帮助家长从另一个角度看待这个问题。

最后，可能是因为孩子在写作业的过程中没有掌握良好的学习方法，在目标设定的问题上没有很好的规划，导致面对难度较大的题目时无从下手，思考无果，耽误大量时间。也有可能是因为孩子在小学阶段没有建立起时间的概念。对时间的流逝往往没有感知，导致做作业的速度较慢。

三、诊疗思路

在与家长的沟通过程中，提前给家长做铺垫。与家长说清，教育是一个漫长而又重复的工作，并不是头痛医头、脚痛医脚的临时行为。之后，开始了解孩子的情况，需要老师格外关注孩子成长的家庭背景，甚至家族背景。通过谈话了解家长特点、家庭教养方式等复杂深入的信息。

帮助家长调整不合理认知，比如一旦家长又谈到"别人家孩子写作业可快了"这个话题时，要明确地告知家长，孩子与孩子成长的轨迹是完全不同的，不能完全拿自己的孩子对标他人的孩子，这样对孩子的成长会起到适得其反的效果。通过这些对话，让家长明白在教育的过程中要有策略与思路，要承担起一部分责任，进一步加强家长的使命感，平衡焦虑指数。

之后一起分析问题，有可能是孩子的问题，也有可能是家庭的原因。分析过程中，要注意协同家长共同参与，共同探讨，避免自说自话，把自己的观点完全抛给家长，而是引导家长共同思考问题产生的原因。谈话的过程中注意收集孩子一些值得肯定的点，与家长共同分享。比如家长提到孩子曾经在班里怎么样怎么样，学习成绩很好，做了哪些好事。老师们要准确地帮家长进行复述，告知家长，这在我看来是一种良好的品质，说明孩子是很有塑造性的。这样容易和家长产生共鸣，用积极的导向帮助家长走出焦虑情绪，了解教育原则，更好地进行家庭教育和生活。

最后，在多方面信息的支持下，老师可以给出几条专业的建议，并且协同家长一起商讨建议的可行性和如何实施。

我的孩子酷爱配音，而且在一些网站已经接单配音，挣了一些钱。我很担心她的学习因此受影响，更担心她在配音接单中迷失自我。但是我的劝告孩子不听，老师，您看您有什么方法能帮帮我吗？

北京市第五十四中学　夏葵

一、了解孩子的基本情况

包括：孩子年龄段、所在年级（判断孩子心理成熟度）；

孩子什么时候开始喜欢配音的？目前已经接了几次单？周边听过孩子配音的亲戚朋友反馈如何？家里或者亲朋好友中有从事这方面工作的人吗？（了解孩子是否真的有此方面的志趣或天分，还是仅是偶然的成绩。）

目前孩子学习成绩如何？（根据所处年级和学习情况提供建议。）

二、了解家庭成员的态度

家长担心孩子迷失自己是很正常的，毕竟接触的是成年人的世界。但需要了解家长具体担心的内容，如：是担心孩子没有常性，在物质诱惑面前既不能有更好的发展，又回不到学习的路上？还是觉得孩子目前取得的成绩存在偶然，孩子没有这个天赋，如自顾自走下去只能既耽误了学习，又不能在配音上有发展？或是认为孩子有这个天分，但担心被成年人带偏了？（了解家长真正担心的是什么？）

了解父母双方对这个事情的态度以及孩子平日对父母或亲戚中谁的话最认可，最能够听进去？（了解父母双方的态度是否一致？了解如需谈话是否有更合适的人选？）

通过了解得知孩子目前在初一年级。对配音的喜爱大致来自小学四五年级，家庭中没有从事相关领域工作的人员，也没有其他人表现出配音方面的天赋。因为沉迷于配音，目前孩子成绩不佳，大致处于中下等，家长最担心的是孩子因为迷恋于配音完全荒废了学业，以后这条路走不通，没有了退路。平日里母亲对孩子管教更多，父亲平日很忙，无暇顾及孩子，但对孩子在配音上取得的小成绩还是很自豪的。家人中，孩子相对来说对母亲的感情、信任度更高些。

三、根据了解提供建议

家长的焦虑与担心是正常的，初一的孩子正处在人生观、价值观形成阶段，他们对世界的认识是模糊的，这个时候很需要家人帮助把握方向，加以引导。结合工作经验，我认为可以参考以下五点建议。

（1）孩子父母取得一致意见。孩子教育需要父母观念统一，意见分歧只会让孩子无所适从，降低家庭教育的威信力，并让孩子学会钻空子。父母最好私下沟通，适当听取他人建议（特别是配音方面专业人士的建议），结合孩子实际（如天分、学习上的能力和潜力等），达成一致意见。在具体执行过程中需要不断调整方式方法，既要不断完善说服孩子的理论依据，更要找些现实中的事例，用事实说话，孩子才会认真思考家长的意见。

（2）从孩子的年龄来看，不宜过早确定方向，孩子目前能够在网站上接单并有收入，说明他的童声很有表现力和张力，但是随着年龄增长，孩子很可能会面临变声等情况，变声后的孩子是否还适合配音？不确定的因素比较多，家长应该让孩子对此有清晰的认识。

（3）人生有无数可能，很多人在成长中都会随着年龄、阅历的增长调整自己的专业方向。比如，语文课本中经常接触到的文学家鲁迅，就有弃医从文的经历。当初学医是发自内心，后来从文也是从本心出发。初一学生经历的事情太少，这么早确定方向就放弃了以后的无数可能性和发展方向，把自己的人生路走窄了。作为一名有思想、成熟度高的人（通过抬高孩子的认知水平，让孩子做选择时不从情绪出发），应该不被眼前的小利（指配音收入）迷惑，要学会为自己保留多角度探索人生方向的可能。所以，配音可以偶尔玩玩，但专注于本业（学习），以后的人生才会有更好的发展和更多种可能（可以以音乐制作人李健为例）。

（4）任何一名优秀的配音都需要广博的知识储备和积累，否则无法从深层次理解你所配音作品的精神实质，那样的话，你的配音会浮于表面，没有思想、缺乏内涵，这样的配音是没有生命力的。比如著名配音演员丁建华，她热爱文学，长于抒情表意，小学时作文就多次入选上海市优秀作文选。广博的阅读，良好的知识功底，才成就她在配音行业的成就。再比如很多人喜欢的歌手李健，清华毕业，他写的词优美而又有内涵，他的歌生命力很强。所以，无论做什么行业，多读书、读好书，才能有发展，否则很容易成为稍纵即逝的云烟。

（5）谈话时最好不要太正式，可以在餐桌上或外出游玩气氛轻松的时候，从身边的人或事谈起，在孩子不戒备、不排斥的状态下把观点表达给孩子，不硬性灌输，同时不强行要求孩子表态，给予孩子触动，并给出孩子思考的时间，观察孩子的变化。不是发自内心的承诺，只是空话。孩子通过思考自己做出决断，这样得出的结论才是最有效力的。

> 我最近发现女儿胳膊上有很多刀子划的伤口，问她，她就说划着玩的，没什么，老师，孩子这么做是不是有什么心理问题呀？

北京市文汇中学　果静雅

一、望闻问切

（1）谈话总体态度：老师应把学生的生命安全放在第一位，优先表达对学生生命安全的关切，对家长的担心忧虑表示理解和接纳。

（2）关于非自杀性自伤：非自杀性自伤是指不以自杀为目的的、直接的、故意的损伤自己身体组织的行为，青少年是非自杀性自伤发生的高风险期，全球大约有14%—15%的青少年至少实施过一次非自杀性自伤行为。非自杀性自伤行为的产生并不是由某种单一因素导致，而是缺乏有效的情绪调节策略、人格特质、同伴关系、童年创伤事件、负面生活事件、不良家庭氛围、自我惩罚等综合影响的结果。既可能是为了应对挫折和压力、为了调节自我惩罚和贬低的负面情绪、为了获得他人的关注和喜爱、为了彰显独立与个性、为了寻求兴奋和刺激；也可能是抵抗自杀冲动，或是某些精神障碍、物质滥用、心理应激等引起的行为问题。

（3）为了能更好地判断问题，要进一步了解学生自伤行为的频率、程度、方式等，了解学生与自伤行为有关的其他情况（学业、人际、家庭），并回顾学生在班级的有关表现（身体、情绪、行为、认知）。

（4）老师在了解情况后既要对家长提出建议，也要在后续工作中对学生进行持续关注。

二、基本话术

（1）看到自己的宝贝女儿胳膊上出现了伤口，您肯定是又心疼又担心。

（2）您是什么时候发现的？发现几次了？孩子的伤口重不重？有处理伤口吗？

（3）据您和家人的观察，孩子除了划伤自己以外，回家后的情绪怎么样？都会和您聊些什么呀？家人和她的沟通怎么样？孩子在学习上有什么困难吗？有说和朋友闹矛盾吗？

（4）据老师在班里的观察，孩子在校的情绪、行为、语言各方面有这些表现，交友及与老师交流情况如何，学业情况如何。

三、有针对性的建议

（1）如果孩子划伤行为的频率低、伤口浅，且其他方面普遍良好，则建议：

向家长科普自伤行为的特点，青少年高发，非自杀性自伤未必就是要自杀，劝导家长先放宽心，孩子可能只是一时好奇或阶段性情绪不好；

建议将家中可能危及生命的刀剪、药物等做好保管，增强对孩子的看护，避免出现危及生命的行为；

保持对孩子的关注，增进与孩子的交流和沟通，鼓励孩子的表达，多倾听少评判，尽量了解孩子的困境，想通过自伤表达什么，及时帮助孩子疏解负面情绪和解决问题。

（2）如果孩子划伤行为的频率低、伤口浅，但情绪、行为等方面表现异常，或者划伤行为的频率高、危险性大（当非自杀性自伤行为的频率和严重程度逐渐增加时，自杀行为的发生概率也会提高），除上述建议以外，还建议：如果感觉情况较为严重可带孩子到专科医院的心理科就诊，由医生判断孩子是否出现了抑郁等情况，尽早干预，保障孩子的生命安全。

（3）在学校，老师也要加强对孩子的关注，适时和她谈心谈话，如孩子愿意，也可以找学校的心理老师预约心理辅导。

高 中 组

高中学业紧张，家长发现孩子有早恋苗头。孩子用大量时间网聊，深陷其中，影响生活和学业。家长提醒无效，老师应该怎样去帮助家长呢？

北京市第二中学　郭俊彬

第一，理解家长的担忧和焦虑。

可以告诉家长："感谢您的信任，理解您的感受。不急着下结论，我们一起梳理孩子的表现，找找来龙去脉，也许能更好地帮到孩子。"

这番话主要传递三层意思：一是理解家长的心情；二是家长要客观描述孩子表现；三是对待问题

要有科学的态度，家长最好不给孩子随意贴标签。

第二，引导家长观察孩子的言行，探索有效沟通方式。

不少家长会把"频繁收发信息、长时间网聊"等表现解读为"早恋"，而忽略了其他信息。提醒家长要留意孩子的表现，如提前上学、推后放学，提到某位异性同学表情不太自然，等等。要跟家长分享科学理念：青春期的身心发展规律使得孩子比较关注心仪的异性，这是正常现象，不要无端猜疑、妄下结论。家长应提升教育智慧，理性引导孩子。

异性交往问题如何沟通？有的家长开门见山"必须停止"，有的家长拐弯抹角、旁敲侧击。建议家长不要居高临下，讽刺挖苦，要真诚地告诉孩子："我知道你遇上一件不容易处理的事情，相信爸爸妈妈，我们一起去面对。"这种发自内心的关心和爱护，孩子一定能感受到。哪怕是逆耳忠言，只要家长是真诚的，孩子也能听进去一些。

有的孩子非常反感家长贴"早恋"标签，极力否认，摆出一副轻蔑的姿态；有的孩子会调侃家长"电视剧看多了，疑神疑鬼"……种种反馈都在提醒家长反思：早恋不是根本问题，关键是家长为什么不了解孩子呢？

第三，帮助家长寻找原因。

孩子为什么会跟异性同学接近呢？教师要介绍

工作经验，启发家长思考：一是这位同学确实优秀，这属于青春期孩子之间正常的吸引和仰慕；二是两个孩子在交往中互生好感；三是家庭有效沟通少，孩子朋友少，遇到聊得来的异性伙伴，自然愿意多交流；四是父母强调"不许早恋，专注高考"，孩子表面上跟异性交流，其实是对父母高控的抗争；五是跟异性交流是孩子解压的途径。

第四，引导家长关心和保护孩子。

如果孩子确实对异性同学产生了那种朦胧而美好的情感，教师可以提出以下建议。

一是充分信任＋积极再定义。建议不要把孩子交往想得过于复杂。高中生也许就是互有好感，未必考虑很多。家长要相信孩子，用积极语言将其定义为"聊得来"，而不是"早恋"。积极的语言对孩子具有积极的暗示。孩子本来就是互有好感，听到家长称他们"聊得来"，就会表现自然，不会想入非非；如果家长定义为"早恋"，等于暗示孩子，反而"诱导"孩子把单纯的关系想得不那么单纯了。如果成人的语言和行为再粗暴一点儿，就很容易发生所谓的"罗密欧朱丽叶效应"了。

二是真诚地关心孩子。建议家长不要空谈道理。孩子没想放弃学业，只是交流较多、占了学习和休息时间。其实孩子内心是矛盾的：知道高考很重要，但是聊起来就忽略了时间。学习任务一再堆积，自己也很懊恼，又担心老师发现、父母责怪，思想上一点儿也不轻松！父母要相信孩子，不过度苛责，真诚关心孩子的身体健康、时间分配，多数孩子会放下一些心理负担，冷静审视两人的关系。

三是给孩子调整的时间。俗话说，神仙不能一把抓，身体上的疾病不会吃一次药就立竿见影。对待心理上、情感上的困扰，家长就更不能心急。异性萌动是脆弱的，要呵护孩子的情感，给他时间调整。建议家长处理好"静待"和"静促"这一辩证关系，一面耐心等待孩子转变，另一面积极促进孩子转变。两方面用力，才能引导孩子走出情感的迷茫。

为了孩子的安全，家长可以采取隐性措施，适当增加接送次数、减少孩子独处、增加他与其他同学的交往机会，能降低孩子对特定异性的好奇与敏感，理性看待这段关系，尽快回归学习生活。

总之，需要家长调整认知、转变态度、优化沟通、磨炼耐心，与孩子一起成长，共同进步。

> 孩子上高中一个月，每天作业都是手忙脚乱，经常弄到很晚，还完不成。不仅影响睡眠，还影响心情，每次沟通就像个炸药包。家长的问题到底出在哪儿？

北京市第五中学　喻莉

首先，对现象分析。第一，从描述中可以感觉到家长很焦虑。第二，关于"上高中一个月，每天作业都是手忙脚乱，经常弄到很晚，还完不成"这一现象，其实在学生中很普遍，不仅是高中，在初中、小学孩子中也很普遍。

其次，如果孩子原来完成作业比较从容，但上高中后每天手忙脚乱，是因为处于初高中的衔接和转换，这种情况是正常的。上高中后，学生会面临学业上内容的难度、深度、广度的巨大变化，老师的讲课速度和进度也会加快，对孩子学习自主性要求大大提升，所以，初高中的衔接其实会比幼小衔接和小初衔接更有挑战性，难度更大。

另一个需要澄清的是，他的手忙脚乱具体是什么样态？弄到很晚，还完不成的原因是什么？是科

◎
高中组

目、作业量大、时间分配不好，还是其他原因，需进一步了解。

家长们要知道孩子进入高中后，面临的挑战跟初中不一样，家长的教养方式、应对方法，都应该跟随孩子成长。家长要了解孩子的学习和生活状态，要明白问题的症结所在，及时有效与孩子沟通。另一种可能，原本亲子关系就存在问题，只不过初中时比较顺利，问题没有爆发。

如果是第一种情况，首先建议家长跟老师沟通，了解孩子各学科的表现。当家长充分了解了初、高中差异时，焦虑感可能会降低。当然务必跟家长强调，孩子进入高中的第一个月出现各种情况是很正常的！

如果是第二种情况，了解家庭在亲子沟通及亲子关系中存在问题，帮助家长改变或者支持孩子成长。教师可以跟进亲子沟通过程，看看是否适宜。还可以推荐家长参加亲子沟通的课程。同时和班主任了解学生在学校的表现及与同伴的关系，全方位了解孩子等。

北京市第二中学　郭俊彬

进入高一，学生会面临环境、学业、人际方面的调整，我们要引导孩子和家长共同降低焦虑。告诉家长"多数孩子都有这个过程，经过一段时间，孩子会适应高中生活的"。这里我们首先安抚家长的情绪。事实确实如此，很多孩子入学初期，虽然会手忙脚乱，但各种尝试后，他们是可以顺利度过适应期，找到自己的节奏的。

教师要提醒家长：您的情绪对孩子很重要，家长不急，孩子不燥；家长稳当，孩子不慌。个别家长担心自己文化不高，辅导不了孩子，很着急。建议家长在学习上相信老师，跟着老师的节奏完成学习！家长的作用就是"给孩子温暖的关怀，充分相信孩子的能力，非必要不打扰孩子的节奏，相信孩子"。这样沟通会给家长很大支持，家长会懂得原来这不是一个过不去的坎儿，看待孩子的眼光和态度会发生变化。孩子感受到家长的信任，就会觉得"我可以、能应对、没问题"。当然，有的孩子到期中考试前后还不能顺利适应，可以根据情况提供适当的帮助。

有一女生，总觉得自己不好看，不化妆就不出门，家长很苦恼，我们应该如何引导和帮助家长呢？

北京市第十一中学　田丽娟

第一，了解高中学生身心发展特点。

高中生处于埃里克森人格发展第八阶段的青年期，这一阶段的任务是建立自我同一性，防止角色混乱。也是建立"自我同一性"的关键期。他们对周围世界有了新的观察和思考，经常考虑自己到底是怎样一个人，从别人对自己的态度中、从自己扮演的各种社会角色中逐渐认清自己，开始探索现在的"我"与未来社会中的"我"之间的关系。这一阶段的孩子对自身外貌和别人的评价都比较敏感，时而喜欢自己，时而讨厌自己，容易产生内心"混乱"，处于需要学校和家长一起帮助他们建立恰当的自我评价的关键期。

第二，鉴别家长对孩子化妆这件事的态度。

实际生活中，少数家长支持孩子化妆上学，试图与学校规则对抗；多数家长不支持，而孩子自己认为不化妆就不出门。需要我们进一步鉴别具体原因可能有哪些。

（1）有心仪的异性朋友，希望自己在朋友面前展现出美丽的一面。

（2）听到负面评价，对自己的长相不满意，抑或在学习成绩或其他表现中不自信，希望通过化妆来掩盖自己的不自信。

（3）家庭沟通模式存在问题，孩子通过化妆与家长及规则对抗。

（4）孩子审美受家长影响，家长觉得孩子不好看，投射到孩子身上，影响自我评价。

第三，帮助和指导家长自我觉察。

（1）沟通与了解。帮家长了解，孩子从什么时候开始关注自己的外貌、衣着等？什么时候喜欢化妆了？什么情况下孩子会在化妆上与家长冲突？这几点非常重要，可以帮助家长自我觉察和审视，问题出在日常互动还是亲子关系。

（2）观察与分析。帮家长分析，如果孩子近期有这种行为，可能是有心仪的异性，我们要帮助孩子树立正确的审美观，把握好异性交往的尺度。如果长期以来孩子都觉得自己不好看，必须化妆，这可能是个表面现象，化妆折射出孩子的不自信、自我否定，或是父母不注意说话方式让孩子敏感，通过化妆掩盖自己的脆弱。再或者是父母与孩子沟通发生问题，孩子用这种方式跟父母对抗。

第四，帮助家长与孩子共同成长，改善亲子关系。

良好的亲子关系可以改善孩子的行为问题。例如，父母先检视自己言行是否过于苛责。建议开展餐桌会议，重塑家庭氛围，不定期。第一次可以讨论什么是美，帮助孩子树立正确的价值观。以后主题家庭成员自定。总之，在平等对话的氛围中发现问题，解决问题。

第五，识别问题类型。

需要注意，在处理问题前要鉴别孩子的化妆行为是行为习惯问题还是心理问题。如果孩子的化妆问题已经不是行为问题，可能是一种自我否定导致的心理问题，那么需要专业的人员来进行诊断，进行进一步辅导和治疗。

北京市第五中学　陈颖

化妆的问题，虽然看来是违反校规、校纪，但有时候不是行为习惯的问题，而是心理的问题。我们首先要进行甄别，清楚之后对症下药。既不能把心理问题看成行为习惯问题，也不能把行为习惯问题简单归结为心理问题，所以需要心理和德育老师们共同去研判。

如何干预和引导高中男生的手淫问题？

北京市第五十五中学　李梦莉

首先要看我们如何发现问题，有三个渠道：一是孩子自己很痛苦主动跟老师，尤其是自己喜欢的男老师表达。二是孩子可能跟他的好朋友说了，好朋友跟好朋友说了，学生中间就有一些反应，有了"舆情"，老师才了解到。三是家长发现，进行初期干预，也没有达到很好的效果，求助老师。

这三种情况处理起来完全不一样。其中最难的是第二种，在学生中间产生了一定的影响，同学指指点点会刺激这个孩子，让他更加敏感而引发了其他不良的情绪，会通过一些不太正当的方式表达出来。所以第二种情况比较难处理，我们既要解决这个男生的自身问题，还要解决其他同学的问题。

如果是家长提出，要保护孩子的自尊心，他们不愿意别人知道，如果知道家长告诉老师，甚至会产生极端反应。通常在这种情况下，我们首先会提醒家长不要告诉孩子告诉了老师，要让家长用宽容、正常态度面对问题，男孩手淫是青春期和性发展的过程，出现是比较自然的。如果次数不多，不会影响孩子身体，指导家长教青春期孩子用正当的方法控制性欲望。如果比较频繁，爸爸是帮助孩子的第一人选。如是单亲妈妈，不知道该怎么讲，可以请男性亲属（如舅舅）来帮助。

如果是孩子找老师求助，比较好处理。因为孩子本身对这个问题有自觉，非常信任老师。老师首先要让他知道这不是品质或心理问题，是青春期发展，对于性探索的必经阶段，要用平常心去面对。其次，要了解一下他和好朋友是不是经常在谈论这件事，如果有，要暂时和朋友断绝来往，避免外界刺激。最后提出较明确要求。第一，洗澡的时间不能太长。第二，除了上厕所自己不过多触碰身体敏感部位。第三，不要经常对着镜子研究自己，照镜子自我欣赏。第四，晚上睡觉要穿睡衣，尤其要把敏感部位遮好。第五，睡前不做刺激的事情或看刺激的影视。如果欲望特强，要立即起床吃点儿水果或点心，因为甜的东西会转移性欲。

如果情况严重，建议学生去医院，毕竟老师不是专业人士，没有专业能力去治疗孩子。

> 孩子在家经常情绪失控，和父母吼叫，砸东西，不知孩子在学校表现是不是也这样？家长应该怎么办？

北京市广渠门中学 李娜

针对这一问题，首先我会向家长了解孩子的具体情况和他的家庭成长环境。

说到情绪失控，需要先了解孩子的年龄、性别等基本状况。通过这个问题可以判断该生是否是在青春期这一最典型的时期。

孩子经常因为什么类型的事情情绪失控？是遇到某类特殊类型的事件，还是没有什么规律？通过家长的回答，判断孩子的情绪是容易激动失控的，还是对某类特殊的事情才会情绪失控。

孩子情绪失控的具体表现和家长的应对措施是什么？具体表现在问题中提到了吼叫和砸东西，还有什么其他的具体的表现？包括一些极端的话语和极端的行为。通过这样的问题，在家长的表述中，判断家长的教育方式。如果家长是吼叫式、急躁式的教育方式，那么孩子在十几年的耳濡目染之下，处理问题的方式也会是比较急躁的，是一种对家长的效仿。

在孩子的成长过程中，家长的教育方式以及家中是哪位家长主要负责孩子的教育和与孩子的沟通，一步一步推进，去了解这个家庭中有什么特殊的家庭背景或者孩子的成长环境。比如孩子是否成长在一个单亲的家庭，或者一个长期由隔代（爷爷奶奶、姥姥姥爷）来陪伴成长和教育的家庭，再或者还有一些特殊的孩子是长期成长在姑姑家、姨家等的环境下，以此来判断孩子所在家庭的一些特殊的背景。

向家长了解家庭关系融合度，以判断在家庭关系中孩子的成长环境，如刚才说到的单亲等。

在孩子成长过程中，有没有什么样的特殊事情？这个问题是回应什么类型的事情会激发孩子的情绪失控。以此判断在孩子的成长过程中有没有对他心理产生创伤性影响的应激事件，即对某一类事情情绪激动失控，还是对所有的事情。

基于以上的了解，在家长完成了基本事件陈述和描述之后，对于家长和孩子在家的状况有了相对完整的了解，因为只从家长或学生的某一方面了解，都可能不够全面。

接下来，与家长沟通其关心的第二个问题，即孩子在学校的表现如何。

如果学生在校的表现良好，那么需要客观地分辨这个孩子是青春期的亲子沟通问题，还是孩子的故意伪装。如果是青春期的亲子沟通问题，相对容易解决；如果是孩子故意伪装，可能是孩子心理上有一些应激事件，给孩子造成过一些影响。无论是哪种情况，都要给家长和孩子进行单独的沟通和谈心，跟孩子更好地了解他对这件事情的认识是什么样的，在这个过程中也是排除孩子是否是心理问题造成的情绪问题。

如果这个学生在校的表现与在家中一样，情绪都是非常容易激动的，那么可能是孩子的性格所致，或者是受到了家庭教育方式的影响。

具体怎么去解决和给家长哪些建议呢？

我会向家长表达同理心。

如果是青春期带来的情绪不稳定，告知家长，这是青春期常有的表现。在常有的表现下，比较通用的一些应对方法是什么呢？

（1）给孩子发泄情绪的出口。孩子如果在学校里情绪是憋着的，回到家情绪还是憋着的，那孩子很容易出现崩溃的状况。孩子之所以会把情绪发泄在家里，是因为孩子知道，我把不好的情绪发泄在最亲的人身上，他们也不会因为我的任何发泄而离我而去。但同样的情绪，如果发泄在朋友身上，可能和朋友之间的友情会断裂；如果把情绪发泄在陌生人身上，可能跟这个陌生人之间就会发生一些口角，甚至是肢体冲突。

（2）做孩子的朋友，成为孩子心理学上的重要他人。这个年龄段孩子的重要他人，是他们身边的朋友，因此建议家长跟孩子像朋友一样地平等沟通。

以上建议说起来简单，但做起来会有很高的难度。无论是学生还是家长，他的问题处理方式或者意见不统一时的解决方式都有惯性思维，转变是很难的。

如果判断这个学生是应激事件后出现的情绪不稳定，建议家长带孩子去专业的心理咨询机构，给孩子进行有效的心理疏导。

如果是家庭教育或家庭关系问题，建议家长改变现有的教育模式，先处理情绪，再处理问题。给家长的具体建议如下。

（1）建议家长以平等的方式和孩子沟通，做孩子的榜样，用生命影响生命。要想孩子改变，家长作为成年人必须先改变。这一点很难，但也非常重要且有效。

（2）给家长推荐一些权威的公众号上的家庭教育小文章或书籍。推荐之后，定期与家长分享交流自己看后的心得，以此来以另一种方式督促家长学习和改变他的原有家庭教育方式。

（3）如果是父母中某一方跟孩子发生冲突，沟通不畅，建议另一位家长加入家庭教育中来。很多家庭中可能父母一方工作比较忙，把所有的教育重任都推到另一方身上。一方长期说教式的教育，孩子难免会出现疲惫、懈怠的现象。所以换一个人与孩子沟通，如高中男生可以由爸爸等男性角色出面，像兄弟一样地沟通，女孩可以让妈妈等女性角色来与她进行沟通。

孩子在学习上没有自主性，仅限于完成教师布置的作业，且还要打折扣地完成，写作业拖拖拉拉，家长用过很多办法，效果不明显，怎么办？

北京汇文中学　骆皓爽

高中家长非常重视孩子学业，总会不由自主关心孩子学习。很多家长会在孩子升入高中后开始着急，投入更多精力到孩子的学业上，但会遇到孩子抵触，如"别管我""你不懂""你说得不对"。家长们生气的同时需要思考这些话语背后的信息——孩子有自己的思考与规划，他们想要"我的事情我自己做主"。

高中阶段的孩子处在自主与独立意识快速发展阶段，比起初中阶段，很明显孩子长大、懂事了，这是他们形成自我意识、自我认识、自我观念的重要时刻。这一时期无论家长说得对或不对，都容易因为过度干预而被拒绝，从而导致亲子沟通不畅，出现家长说的"用过很多方法，效果不明显"。

首先家长需要澄清以下三个问题。

第一，了解孩子完成作业的真实情况。家长只能看到孩子在家学习的样子，而这个状态并不能全面、客观地代表孩子的整体学业水平。特别当我们看到孩子学习状态比较松散，家长会非常着急。但批评教育会让孩子觉得不公平，会产生"我在学校已经很努力了很累了""只看到我做得不好就批评，我在学校表现好怎么不表扬呢"等观念。实际造成亲子矛盾的关键在于双方欠缺进行深入沟通和相互理解。家长可换种方式，如关注孩子的人际交友、学业压力、遇到的困难、未来理想等，做孩子成长路上的情感支持者和发展领路人。

第二，了解孩子的学习方式和特点。每个孩子都有自己的学习模式。抛去孩子的独特性，主观给孩子提要求，不调整教育方法，孩子都难以接受。每个时代的孩子都有自己的机遇与挑战，家长成长的年代是克服较差的经济条件，当前孩子成长则需要在高速发展时代下掌握全面生存的技能，他们会面临很多困难与压力，甚至更复杂更艰难。家长要给孩子最大最有力的支持，不仅要制定规则、一味督促，也要少一些苛责和说教，多一些理解和支持，让家庭成为他们休息、缓步前行的安全港湾。

第三，教育方法是否合理有效。无效、单方强势的方法，都会使亲子沟通不畅、激化矛盾。家长与孩子互相信赖与接纳非常重要，好的关系才能把关心和爱准确传达给孩子，以下两点建议供参考。

一是倾听表达，平等交流。无论是学业还是生活，当孩子出现某种异常时，不要着急下定论或者干预，平稳自己的心态后，就与孩子心平气和地交流，说出看到现象、询问孩子感受，耐心倾听孩子解读。平等态度能让孩子感到安全，敞开心扉，说出真实感受，还能让孩子感到被尊重，才会愿意接纳建议，尝试改变自己。

二是学会鼓励，引导替代说教。家长们习惯用学业评价孩子，而忽略其他优秀方面。如今孩子面临的压力很大，除学习之外还有人际、情感、自我发展等方面的困扰。每个孩子成长到今天都是克服诸多困难的结果，他们都有闪光点。要多给予孩子鼓励，不要让亲子话题只有成绩，不要让学习成为孩子的负担。我们尝试和孩子找到某件事情，在这件事情中他曾克服困难和失败，把这一经验借用到学习上；或鼓励孩子在学业中的小进步，让成绩不是特别优秀、缺乏信心和成就感的孩子也找到信心。

最后，希望家长能和孩子建立和谐关系，提供最有力且有边界感的支持。当问题来临时，亲子之间的顺畅沟通，能让任何问题迎刃而解。

> 孩子在学校存在一些不良行为习惯，作为家长曾尝试过严厉批评和讲道理的方式与孩子多次进行沟通，但是效果并不明显。家长又表示自己上班很忙，没那么多时间，也没有那么多的耐心，我们应该怎样去帮助家长？

北京景山学校　毛敏

第一，架起沟通桥梁，奠定家校合作基础。

有些家长因为自己工作忙，遇到老师反馈问题会产生想法：我这么忙，老师还告状，我能怎么办，你们老师去解决啊。基于这样的想法，难免会产生抵触情绪。所以，作为心理老师，我们先在家长和教师之间架起桥梁。对家长说："老师对孩子非常关注和用心，能看到孩子身上可以提升的地方。"这样，减少家长抵触情绪，对老师多些理解，为家校合作奠定基础。

第二，对家长的共情，支持理解家长感受。

我们可以接着说："听说您工作很忙，但听到老师对孩子的反馈，能够及时与孩子沟通，这是值得肯定的。您今天还专门和我进行沟通，能看到您对孩子的付出。人到中年，不仅照顾家庭还要打拼事业，压力很大。但是孩子这个阶段，非常需要家长的关注与陪伴。"这样既能表达对家长的理解，也能表达出家庭教育非常重要。

第三，家校合作，探讨解决方法。

家庭和学校合力解决问题，做到以下三点。

（1）和家长一起去了解，是什么不良的行为习惯。这种不良行为习惯是品质问题、学习习惯问题，还是心理问题？是什么程度的不良行为习惯？一般性还是严重性？不管孩子成长中出现哪类问题，我们都要积极看待，这些问题给了我们改变的机会，也是孩子成长的好机会。

（2）对具体问题进行具体分析。如果是品质的问题，反映我们在教育过程中出现了漏洞，让孩子出现一些语言、行为上违反德育要求的事情；如果是学习习惯问题，反映了孩子在学习方法上的问题；如果是心理问题，这是孩子向我们发出求救的一个信号。

（3）引导家长分析孩子的行为，发现孩子行为背后的想法、期待和需要。

每个孩子行为背后都有其情绪和感受，以及他们内心的想法和需要。我们要引导家长透过行为，了解孩子的内在想法、期望和需求。可以问家长：

孩子这时候，他会怎么想？心情怎样？之所以这样，他想从中获得什么？

第四，良好的亲子沟通是家庭教育的前提。

看到孩子的行为，了解孩子的期待后，我们该怎么做？可以用一些提问来促使家长思考：这样的方式没有达到预期效果，说明什么？还能用什么方法来解决问题？

家长会认识到唠叨、责骂或批评都是不恰当的方式。在与青春期的孩子交往中，我们要做到良好的亲子沟通，就需要和家长进行探讨、角色扮演式的练习，帮助家长掌握沟通的方法。

（1）家长放低姿态，与孩子一起解决问题。比如，我可以怎么样帮助孩子，帮助孩子什么？家长和孩子一起面对问题，时刻提醒自己：我和孩子是在一起的。

（2）选好恰当沟通时机。需要在双方情绪平静的时候，与孩子进行平等沟通。比如这个家长提到自己没有耐心，那么尽量避免在情绪激动时与孩子沟通。

（3）学会倾听。可以和家长进行一个良好倾听者的练习，在孩子愿意说的时候，放下自己手头的事情，珍惜孩子愿意说的机会，全身心地倾听孩子诉说，不急于发表看法，不随意打断孩子。

（4）学会"我"信息表达。在表达中用"我"

做主语来表达，避免使用"你……"的句式。比如，看到孩子使用手机时间长，可以说：我有点担心你的作业写不完了，我有点担心你晚上睡觉会很晚，我担心你的健康或者是我现在有点儿难过。家长用这种方式表达感受或是提醒，减少责备语境，用平和态度打开与孩子沟通之门。

第五，与家长探讨解决问题的具体方法。

针对具体问题，提出具体建议。如有的家长就说：孩子在学习时拖延现象严重。这时可以共同讨论如何减少孩子拖延、具体方法是什么、怎样做计划、怎样做时间管理。家长回家后把建议落实。

在与家长交流中，通过提问和讨论促进家长能够重新去审视自己，反思家长平时的言行，或者家庭成员之间的关系。能根据孩子的具体问题给予具体的指导。

北京市第五中学　陈颖

家长抱怨孩子不愿意跟家长沟通，主观认定问题在孩子。作为家长，应该思考问题更多可能出在我们家长身上。

第一，我们家长想跟孩子沟通的目的是什么？帮助他，提醒他，让他少走弯路，等等。所谓沟通，应该是双向的，而家长的沟通往往是单向的。如抱怨孩子不沟通，不听家长说话，不愿和家长说话。我们可以看到其实家长是希望孩子愿意听其说话，而忽略我们是否应该先听孩子说话。只有彼此倾听对方表达做出恰当回馈，才能形成沟通，否则要么只是倾诉，要么仅是聆听，当然没有交流了。所以，当孩子发现家长只想说，不想听的时候，他们就会选择不说，反正说了爸妈也不爱听。可见，要想让孩子听家长说的前提是，家长首先要听孩子说！

第二，我们想和孩子沟通什么？我想更多应该是学习方面的问题，或者是成绩问题。谈到成绩，很多家长是焦虑的，给孩子传递担心和不安。一次两次，孩子还能平静对待，毕竟孩子也想有好成绩。但次数多了，孩子们发现家长谈成绩时对自己提高成绩并没有帮助，也就不愿意再听了。

沟通什么内容合适呢？我认为交流时内容是彼此都了解的，都有话说，才能聊起来。所以如果想沟通学习和成绩，那咱们就先试试和孩子一起做题、背课文、背单词吧，这样才能了解孩子困难。假如做不到和孩子们一起学习，无法从方法上给出有价值的建议，那就不要指责，从精神上去支持他们。总之，家长千万不要把孩子当作自己宣泄焦虑情绪的垃圾桶。

第三，抓住时机和孩子沟通。现在网络发达，孩子在成长过程中遇到困难或疑问时，会依赖网上有相同经历的人的分享。但是家长却总想告诉孩子很多自己的经验，殊不知，孩子们认为自己随着年龄的增长越来越不需要这些说教了。这就形成了一个现象：家长认为很重要，孩子表示全知道！当孩子有沟通欲望或交流需求时，家长要及时抓住机会，放下手里的事情，这是对孩子的尊重，也表明我们的态度。"你说，我在听！"无论他说得多么"惊世骇俗"或者"天马行空"，家长也要耐心倾听。否则当孩子想沟通，而家长恰巧没有及时回应，孩子一定会想"哦，那算了"。过一会儿，家长想听时，孩子已经不想说了。所以沟通时机很重要，"只要你肯说，我就愿意听"。家长感觉有点被动，那么我们要去有意识地创造沟通的契机。共同完成一件事往往是沟通的前提。例如，一起做饭、同读一本书、一起看电影、一起去旅游、一起看球赛、一起讨论时事，等等。

第四，注意沟通的身份和语气。训诫语气或者"我说你听"的架势，家长的身份和课业老师的角色就重叠了。家是休息的港湾，是征程上的补给站。家长是孩子的第一任老师，但是更像是港湾里的陪伴者，补给站中的加油员。所以高中家长的身份和老师的角色是要截然分开的。老师就是老师，父母就是父母，父母不能成为家里的课业老师。

沟通语气也要注意。沟通内容不同，语气要区分。原则性问题就要很严肃地去说。比较轻松的话题，无论是从语气的选择还是谈话地点的选择，都要和内容是相符的。

同时，我们还要避免家长走到另外一个极端。孩子到高三之后，家长普遍反映不敢和孩子说话。觉得孩子一说就炸，像个火药桶一样，跟孩子说话小心翼翼，话到嘴边哆哆嗦嗦，不知道哪句该说哪句不能说。这也正是我们的家长不知道跟孩子聊什么或者不知道用什么样的语气跟孩子聊造成的。

第五，沟通需要家长从内容和形式、时间和场合、语气和措辞等多方面去思考。家长在沟通时可以从主观上降低交流的功利性，可以适当的闲聊，而不是每次交流都目的性很强。千万不要奢望我讲一次，跟他说一次话，孩子就爱学习了。跟他沟通一次，孩子就有更大改变，这也是一种不现实和幼稚的想法。但是也不能经常重复一件事，孩子会觉得我们唠叨，从而增加沟通的障碍。所以，对于亲子沟通，我们不寄希望于"一蹴而就"，更不依靠"老生常谈"。

家长说，由于老师的提问，孩子有时答不上来，觉得同学们看他的眼神都不友好了，就开始怕上这门课。慢慢地，怕上所有的课，不爱上学了，觉得班级氛围压抑，家长该怎样去帮助孩子呢？

北京市第一中学　郭盎岩

基于这位学生的问题，我给家长的建议是：利用以下五步进行引导。

第一步，学做倾听者，与孩子共情

作为家长，充分理解信任孩子，让孩子在家长面前可以毫无顾忌地进行表达，信任是沟通的前提。比如，家长可以与孩子共情：没有回答出问题这件事儿让你感到特别尴尬，对吗？是不是觉得既丢面子，又怕老师和同学们觉得你能力不足？妈妈明白你的感受，来，先给个熊抱，宝贝受委屈了。

接下来，家长分享个人经历表达共情，帮孩子卸下心理负担。此外，建议家长及时引导孩子：出现负面情绪十分正常，不是耻辱，我们要学会接纳。

对孩子来说，家长的聆听与理解是支持，更会赢得孩子的信任，对接下来的深度沟通非常有利。

第二步，通过发掘积极感受对孩子进行情绪疏导

孩子在学校通常有很多产生正面情绪的时刻，家长可以引导孩子回顾自己的积极感受，高光时刻，帮助孩子排解焦虑，淡化抵触情绪。

比如，家长可以这样说：暂时忘掉不开心的事儿。妈妈记得那次冬季长跑比赛，班里好多同学都给你加油助威，能不能再讲一遍当时的情况？孩子复述后，家长应及时肯定：你看，虽然你没拿到前三名，但仍有好多同学在终点等着你、拥抱你。后来，某位老师（孩子恐惧的这门课的任课教师）在楼道遇见你的时候还特意表扬了你，夸你精神可嘉，值得全班学习呢！你看，同学和老师在很多方面都是非常认可你的。

接下来，家长要进一步对孩子进行情绪引导：每个人都有优点，每个人也会遇到困难，没有人是完美的。但在困难面前逆行的勇者，会赢得更多的尊重、认可和称赞。长跑比赛就是很好的证明。一次没有回答出问题，不必有心理负担，更不必自责。你只需要在这门学科上加倍努力就可以了。

第三步，协助孩子设置合理的期望值

进行情绪疏导后，家长应"趁热打铁"，探讨当前孩子遇到的困难，制定切实可行、积极有效解决方案。告诉孩子：每个人基础不同，学习能力与效果也不相同。要学会为自己设置合理期望值。不必和别人比较，也不宜急于求成，而是要脚踏实地、日拱一卒。

此外，建议家长与各科老师沟通，了解孩子目前学习情况，请老师提供专业建议，积极与老师打好配合。

第四步，关注孩子身心状况及意志品质全面培养

作为家长，要对孩子进行品格教育：每个人都有自己的劣势，对待他人不足要学会包容，做一个谦谦君子。在生活中，增加对孩子身心状况关注，多与孩子聊天，掌握孩子的动态，及时发现并化解问题。

第五步，为孩子创设发现个人优势的机会

在课余时间，可带领孩子参加各类社交活动（如体育艺术类、美食制作等），鼓励孩子多与人沟通，给孩子多展示自己优点的机会，帮助他更好地融入集体生活。

第二篇章

针对学生在学校出现的各类问题，家庭教育指导师与家长沟通交流，协同解决应对策略

初 中 组

发现班里的学生在心智发育上有些迟缓，如到了青春期还不知道男女有别，这个女孩经常会去摸男生，突然在课上大声说话，如何能既委婉又清楚地向家长表达学生的问题？

北京市广渠门中学　贾玢

第一，当老师发现学生的学习或心理出现问题的时候，先要进行一个相对客观的观察，不要在学生的这种行为只出现一次或两次的时候，急于向家长反映，家长会认为这样短时间的观察，或者偶发性的行为，不足以形成相应的依据。

第二，老师应当通过不同的角度，对学生的问题进行一个界定，案例中女孩在与异性交往时缺乏合理的分寸感，可能由于学生在青春期对于异性的好奇与懵懂，但在生活中没有得到合理的引导造成的。老师可以以此作为切入点与家长沟通，帮助家长寻找合适的途径对学生进行性别教育。需要注意的是，这里面反映的情况需立足于客观事实，避免带有教师本人的推测或者评价。比如说，教师应当客观描述学生的具体行为，如在课上大声说话、频繁与异性产生肢体接触，避免缺乏分寸感，甚至行为不检点等负面评价，这些都容易激起家长的抵触情绪。还有一点需要注意的是，老师在和家长进行沟通的同时，既要表达出自己所观察到的情况和对孩子的关心，更要意识到家校沟通是一个双向的、平等的互动过程，而不是老师给孩子告状或者去教育家长，一定要给家长留出自我表达的空间，比如说，在向家长反映孩子在学校出现的问题的时候，不妨先听一听家长怎么说，从话语中听到一些"弦外之音"，从而循序渐进解决问题。这不仅能够帮助老师发现解决问题的线索，还能够从中了解家长对问题的态度和看法，从而选择一个恰当的沟通方式。如果家长对于孩子的问题已经有所察觉，老师可以直接和家长交换一下看法，及时采取下一步措施。

如果家长对于老师反映的情况并没有察觉，感到吃惊甚至说难以接受，老师就应当根据家长的态度去适当调整自己的策略，比如说家长情绪激动，或者表现得非常生气，老师就不要再过多地表达自己对孩子这一情况的看法，尽量先绕开对孩子问题的定性。在案例中，课上大声说话可能代表着学生想要吸引他人注意力的动机，而与男生行为较为亲密可能代表着其对异性的好奇心，这些都是青春期较为典型的表现，与孩子的道德品质无关，如果家长出现情绪激动的现象，老师需要向家长解释自己对于孩子这些行为的看法，避免家长产生误会。

一些家长在了解到孩子的问题时，一时间不能接受，其实是因为家长在心理上产生了一种防御机制。家校沟通的过程之所以复杂，是因为虽然每一个人都把孩子作为自己关心的对象，但我们在沟通过程中，都是带着自我的烙印与对方进行沟通，每一个人过去的经验、想法，还有对事物的评价，都在时刻影响着沟通的过程。对于家长而言，孩子与自己的关系是既独立又亲密的，这样的特殊性使得在沟通过程中很多问题可能会触及家长的自我认知，甚至会感觉到老师在否定孩子的同时，也就是在否定自己。正因如此，才会让家长陷入一种先否认后愤怒的情绪当中。作为老师，我们需要在沟通过程中了解这一点，进一步帮助家长厘清这一点，那就是，孩子出现问题，不代表对孩子的一种全盘否定，更不是对家长教育方式的批判。家校沟通的根本出发点在于解决问题和澄清问题，在这个过程中，老师要帮助家长慢慢舒缓情绪，从而能够理智、客观地看待孩子出现的问题，最终寻求一个最优的解决方案。

北京市东直门中学　王菲

我建议和家长沟通两个问题。

第一，人际关系、情绪，对孩子非常重要。

人际关系、情绪问题也和孩子的成长、学业成绩息息相关。我们可以理解，大部分家长都非常爱自己的孩子，但是在孩子成长的不同阶段，家长们关注的重点有变化。到了初中，家长们关注比较多的是孩子的学业问题，对成绩下降比较敏感，而有时家长会错判了成绩下降的原因，把人际问题、情绪问题也当作学业问题来处理，那么这时候，就需要去加强我们家校之间的沟通。

将观察到的现象如实地告诉家长，描述事实，而不是去评价孩子的行为。需要注意的是，初中的孩子他是有一定的解决问题的能力的，要适当给孩子留一点点空间，让他自己去调整。

第二，要去指导家长观察孩子的言行。

◎ 初中组

123

通过观察孩子的言行来判断孩子是不是碰到了困难。一个孩子成绩下降了，大家会立刻发现。而其他问题，可能不是家长不关心，而是孩子刻意地把它隐藏起来了，尤其是到了青春期。所以我们要给家长提供一点方法，比如说经常跟孩子聊，你最近跟谁一块儿玩啊？学校有什么有意思的事儿啊？给孩子一个轻松的、安全的环境去说话。

除此以外，家长也要学会理解孩子行为背后的目的，一般来说，孩子的行为无非就是三种目的。第一，他想要得到关注。第二，他可能在逃避什么。比如说我之前见过一个孩子，临近考试时突然想出国，还热衷于去查找各种资料，非常积极地去准备。其实这时候我们可以想一想，是不是有一种可能性，他在逃避什么？他是不是碰到了困难？我们能为他做点什么？第三，就是孩子是不是想通过这个行为而得到什么。告诉家长一些方法，让家长有一个抓手，可以及时发现孩子的需要。家长也就可以更好地和学校沟通和合作了。

初一女孩主动向班主任求助，学生自己陈述在家里的情绪很暴躁，会因为各种小事而爆发。但班主任观察，这个女孩在学校比较胆小。经过和学生的交流发现，学生的家庭成员比较复杂，家中有爸爸、妈妈、爷爷和弟弟。而房间空间有限，孩子没有独立的卧室和学习空间，经常受到打扰。而父母在家庭教育中因繁忙和个人能力问题忽略了女孩的真实需求，和老师沟通后认为孩子的问题纯属自寻烦恼，选择继续压抑孩子的需求和情绪，学生的状态越来越不好。教师表示问题出在家庭里，学校能做的有限；家长认为教师多管闲事，女孩自寻烦恼，自作自受。

北京市广渠门中学　刘超

首先，安抚学生，让她知道二胎家庭家长容易忽略孩子的感受。其次，可以多方面了解孩子家庭情况，孩子父母的职业、受教育程度、弟弟年龄等，了解得越详细越好。作为老师改变不了家庭情况，但是可以尝试与家长探讨教育方法。

一、为家长分析问题

1. 心理断层

问题中的家长忽视了孩子的心理发展规律——她并不会因为自己是姐姐，就自然做到姐姐该做的事。实际上，如今的孩子在弟弟妹妹出生前往往享受着得天独厚的宠爱，在小家庭中，他们既看不到别人家的兄弟姐妹如何相处，又缺少与其他孩子互动的机会，这种情况下迎来二胎，可想而知老大会承受多大的心理冲击！心理断层就出现了，如果没有处理好也就意味着埋下了隐患。

2. 学业负担

小初衔接不适应，学业负担过重，让老大的心态常常崩于入学后。前有学业竞争猛如虎，后有弟弟做追兵，同时父母的精力还分散在两个孩子身上，难以专注地辅导一个孩子，老大出现各种各样的学习问题就难免了！

3. 私密意识、领地意识

马斯洛的需求层次理论，从低到高对应生理需求、安全需求、社交需求、尊重需求和自我实现需求。越是低层次的需求越基本，当一个人满足了较低的需求之后，才能出现较高级的需求，即需求层

家庭教育难题 60 解（中学卷）

次。女孩到了青春期要有自己独立的空间，家长也要关注孩子身体、心理上的变化。

二、用实例告知发展后果

相信大多父母生二胎，是希望孩子有个伴儿，但并不是所有父母都会平衡对两个孩子的爱，尤其是不懂尊重老大，这导致老大产生问题。

1. 自卑心理

在一个家庭中，当孩子的情感需求长期得不到父母足够的认可、接纳和回应，孩子便学会了去隐藏或者压抑自己的真实感受，情感忽视的负面影响就发生了。

2. 容易形成讨好型人格

他们小时候常常被父母忽视，长大后仍然渴望父母的接纳和认可，哪怕不合理的要求也不会拒绝。

3. 容易形成嫉妒型人格，导致逆反

父母如果不尊重老大，或置之不理、不以为然的话，老大会有逆反心理，很自然地通过暴戾的行为来发泄自己的不满。

4. 寻找新的需求

在家里得不到的关心，可能从网络、社会上寻求，容易受骗，或走上错误的道路。

三、参考"药方"

观察一下家庭是否有重男轻女的思想，可以从弟弟的教育入手。

1. 老大被尊重才能有爱老二的能力

心理学有一个名词叫"同胞竞争"，老二出生，老大面临各种压力和比较，从而形成竞争关系。同胞竞争，是孩子的本性。不同的阶段，老大会有不同的"竞争"目标和方式，所以，父母首先要信任、安抚老大，并赋予老大更多的责任。告诉老大，给他的爱不会少，而且会持续。

2. 摆正心态，"按需分配"爱

心理学上，好的夫妻关系遵循三个原则：平等、按需分配、共有。同胞关系同样适用，孩子都有需求，但不需要一人一半，一模一样。对老大只要按需分配，尽量将爱给足就行了。比起"平等"的爱，老大更想得到"专属"的爱。给老二生理上的照料，就要给老大更多情感上的关注。

3. 不要太忙（给妈妈开个药方）

第一服药，每天拥抱孩子三次，每次一分钟。

第二服药，心里常常想着孩子，即使看不到，也想着。

如果家长很忙，即使每天回家搂抱孩子一下，或者问问他今天过得怎么样，那用处也不大。用心是带孩子最重要的部分。真正的心、能量、爱，如果没有联通，孩子就得不到家长的关心和爱的能量。

举例说明，有的妈妈太忙了，没有自己的时间，没有精力用心读懂孩子，和孩子沟通交流。所以当跟孩子在一起时，要留意自己的心，自己的精神有多少在孩子那里。当家长的心思真的在那里时，和孩子的能量是相融的，自然会理解他、滋养他，而且这些都是自然流露的。

4. 重视放松与睡眠

要缓解老大入学后的心理压力，适当陪伴放松也必不可少。周末出去走一走，了解一下女儿的需求，物质为辅，精神为主。

5. 接受孩子

青春期女孩脾气不稳定，父母要注意吸纳疏导，孩子这个阶段体内激素平衡发生变化，而激素平衡失调被认为是孩子喜怒无常、易怒行为的原因之一，与其镇压情绪，不如多一些理解和体谅，引导她管理自己的情绪。

6. 认可老大，赋予权利

既然要尊重老大，就要认可老大的"权威"，父母让大一点的孩子在某些方面说了算，而且鼓励她参与到育儿中来，她的安全感自然油然而生。

推荐全家一起看一部动画电影《青春变形记》，讲述了青春期的女孩经历什么才能真正长大，青春期女孩的自尊心很强，更加需要父母的尊重、信任。

建议家长主动倾听孩子，去接纳孩子的情绪，婴儿没有语言能力，只能靠哭声来表达自己，让大人来猜测和满足自己的需求；大一些的孩子有了语言能力，可以清楚地向大人提出需求，沟通就开始了。真正成熟的标志是不仅会提出自己的需求，还会去理解和照顾别人的需求。

好的教育，绝不是将曾经错误的教育奉为经典，小时候压抑自己，当了父母又去压制孩子，而是共情自己成长过程中的痛苦与困惑，不让同样的错误发生在孩子身上。成长型的父母，才能收获孩子正向的成长，同时自己也能得到治愈。

家长可以先尝试做出改变，老师与孩子再进行沟通。父母工作不易，生活上还需要一家人在一起努力。正向引导，交流过程中态度平和，家长可以感受到老师的苦心。

学生有自残自伤行为，例如：小C喜欢在校服里边穿衬衫，夏天也穿着长袖，有一天上完体育课，老师发现孩子胳膊上有六道淡粉色划痕，孩子眼神闪躲，叙述是不小心划的……如何与家长反映并商讨解决问题方法？

中央工艺美术学院附属中学　万培

既然老师已经发现了孩子胳膊上有这个划痕，而且孩子有一些躲闪，可以首先跟孩子做一个沟通，看看能不能了解情况。如果班主任是孩子可信任的人，他有可能会表达出来一些情况，到底是因为什么原因。有的孩子可能是效仿别人，别的同学有那样的行为，觉得这种方式是可以减压的……在这个自残自伤的表象下，会隐藏着很多的信息，孩子可能是对自己不满，可能希望得到某人的认可，也可能是想通过这样的方式去要挟或者控制其他人，是他潜意识中一种被动的攻击。

有一种自残行为，家长是根本不知道的，因为它比较隐蔽，孩子平时的表现又没有特别大的变化，需要引起家长的关注。这种情况下，首先是要跟家长做一个深入的沟通，要做到陈述情况、分析原因，把前期了解的一些情况，如孩子大概从什么时候开始有这个想法，是效仿别人还是从网络上或者其他方面看到相关信息，尝试着跟家长做一个交流。有些家长可能会情绪比较激动，所以我们沟通的时候要把孩子提到的一些情况表述清楚。

孩子心理上出现了一些问题，用这种方式去发泄。第一个是从个体因素、性格的特点，压抑抑郁、自卑、攻击性、冲动性的青少年更容易自残。第二个就是有抑郁症、精神分裂症、双向情感障碍这种精神疾病的可能会有自残行为。第三个是家庭因素。家庭环境，家里缺少关心关爱，缺少凝聚力，有相应的矛盾，不能建立安全的依恋关系，导致学生情绪的变化。第四个是成长经历。父母过度的控制或者保护，对孩子的长期的暴力或者打骂的情形，对孩子的情绪调节会带来一定的影响。第五个就是学校的因素，可能是同伴的相互影响，包括学习的压力，他可能看到与他亲密的小伙伴有相应的行为，而出现模仿。第六个就是学业的压力和成绩不理想。

实际上自伤、自残的这个问题相对来说是比较专业的，学校只是能够发现这个问题，但是真正解决问题的话，还要从学生的家庭和学生自身，必要时要借助相应的专业机构处理。如果家长全然不知，需要家长能够冷静下来，做到不回避、不指责，对于孩子有一个正确的态度。同时，希望家长能够了解或者学习一些心理健康的科普知识，能够理解孩子，实际上这些孩子在内心深处觉得别人是肯定不理解他的，尤其是最怕别人问他这么疼你为什么还要去这么做？这样一问，孩子更会认为他不被理解。家长要知道孩子做这件事的背后，肯定是有其他的原因，所以提醒家长，要能够理解孩子的自伤行为，这是求助的一种方式。持续的否认或者不接受可能会错失求助信号的接收，进一步加重孩子的自残、自伤行为。提醒家长不能不重视，但是也不能过度关注。与孩子有一个共情，有一个沟通和交流。孩子可能确实跟家长张不开嘴，说不了这个话才会有这些相应的举动，可能已经形成了一个恶性的循环。家长要了解这些相关的情况，要跟他有一个共情，才能够通过各方的努力，朝一个好的方向发展。

家庭营造的环境往往是使孩子产生这种行为最深刻的影响因素。把家庭关系氛围营造好，之前孩子不理解的事，此时给孩子做一个澄清，让孩子的安全感和自信心有一定的增强。如果发现孩子自伤的频率，或者危险度增加的时候要提醒家长及时寻求专业心理咨询的帮助，以及专科医生的指导，科学地应对。

小明升入初中一直是活泼开朗、学习积极努力，最近老师发现孩子经常独自坐在操场的角落，上课注意力不集中，每天若有所思、走神，好像在想什么事……老师找孩子谈心，孩子说发现父亲有外遇，她想瞒住母亲，保住这个家，但是父母每天吵架，根本无暇顾及她的感受。孩子很难过，无心学习。

北京市第二十五中学　张俊杰

　　孩子愿意把这个信息告诉老师，想必是非常信任老师，这么大的一件事憋在心里肯定非常难受，这样一个倾诉的行为既是情感的宣泄，也是想寻求我们老师的帮助，所以从另外一个层面看，孩子知道主动寻求外界的帮助这是一个积极的信号。

　　与孩子交流建议从理解孩子的情绪入手，当孩子知道父亲出轨的那刻，无论真相是否是孩子看到的那样，她的内心都是痛苦矛盾的，有对父亲的失望，也有对母亲的心疼，还有对这个家庭将分崩离析的恐惧，我相信她不仅需要倾诉，更需要一个充满关心的拥抱。

此外，在整个事件中我们看到了一个善良勇敢的女孩，事情发生后她如此难过，竟然还想着能不能把这件事瞒住，她不想让母亲因此受伤，这份担当和对母亲的爱，应当被我们看到。

经过此事想必孩子对父亲是有很多消极情绪的，也一定会影响到父女之间的感情。我们不妨了解一下孩子平时与父亲的相处方式和她对父亲的评价，两人的关系越好，这件事情对孩子的冲击就越大，矛盾情绪也就会越多。如果我们无法很快厘清这个矛盾，不妨告诉孩子：大人的世界有时候是非常复杂的，在别人眼中两个特别好的人，他们在一起不一定能合得来，大人吵架的时候牵扯出的东西特别多，不像我们数学题那样有唯一的标准答案，会特别的简单，所以如果你现在感觉到你对爸爸的感情是矛盾的，那现在不急于做评价，我们先把它放一放。等你再长大一些，经历的事情多了，自己看的多了，到时候你再对父亲做整体的评价也不晚。如果之前父女感情好，希望孩子对父亲留有一丝念想，给她成长中保留一份积极的力量，那就尽可能减少这件事对她成长带来的伤害，等她更有力量的时候再来面对。

我们也需要和孩子了解一下与妈妈的相处情况，妈妈作为最熟悉爸爸的那个人可能对爸爸的行为已经有所察觉，她也在用自己的方式来守护这个家，比如让孩子头疼又揪心的吵架问题，告诉孩子她其实并不是一个人，有另外一个女人和她一样，在为守护这个家庭而努力，所以不要失去希望。

爸妈吵架之后肯定也是身心俱疲，但还在坚持工作，他们作为成年人可以承担自己的责任，给他们一些时间，让他们处理好他们之间的事情。在父母一时分身乏术无法照顾你时，希望你好好照顾自己的身体和心情，每天尽自己所能跟着老师去认识这个世界，去学习一些新的东西，当你提升了自己之后你可以看清、把控更多的事情，所以不要因为任何人放弃自己和自己的未来，更不要荒废青春。你值得拥有一个美好的未来。

了解父母的相关情况后，我们可以对约谈家长帮助孩子的可能性做一个评估，如果孩子也同意，那我们需要和家长做一次约谈，将孩子的情况告诉父母。成年人吵架后有很多的发泄途径，如购物、找朋友倾诉，但孩子没有这么多。大人吵架对孩子的伤害是具有弥漫性的，她可能一周，甚至两周都因为吵架而心不在焉，情绪不高。所以无论父母最后做什么决定，都先将对孩子的心理保护放在首位，即便父母最后走出那一步，也要非常明确地告诉她：爸爸妈妈爱你！做出这样的选择不是因为你不好，是我们自己的问题，以后也会尽全力照顾你。

如果在父母那边寻找不到支持的力量，那我们的老师就需要承担得多一些，除了日常生活学习的关怀外，我们还要帮助孩子寻找她身上的优势，帮她寻找一个可期、可实现的未来。只要有希望在，随着时间的推移孩子可以慢慢从这种情绪中脱身，而我们的辅导工作，也变成了一个需要长期陪伴、倾听、关注的过程。

> 孩子情绪极易冲动，上课过程中其他孩子的一些评论或者言语都会让他情绪突然爆发，做出推倒桌子，或抓同学衣领子的事情，情绪上头会不顾场合。

北京市第二十一中学　韩殿臣

面对这名学生的实际情况，要从两个方面来考虑。

第一，在集体生活中，如何在不影响其他学生的基础上，对这名学生进行教育和引导。

第二，对"特需学生"的教育，要依托家长的力量，并得到家长的认可和配合。

首先，在集体生活中发生这种情况，要注意从以下七个方面去综合考虑。

（1）这类型的学生一般比较敏感，要发挥集体的力量和作用，在其他同学认可的基础上，去包容、帮助、温暖这个学生。

（2）要通过谈话和有效沟通，让"特需学生"认识到，我们所有人都会犯错误、发脾气。但发脾气、犯错误的责任和后果要自己来承担，这是别人不能替代的。

（3）集体生活中的规章制度是对所有人都有效的，具有"规范"和"保护"的作用，任何人触碰了规则，都要一视同仁，勇于担责。

（4）相互建立"信任关系"很重要。老师可以通过日常的关心、"与众不同"的认可、不间断的鼓励和提醒等形式，让自己成为每名学生信服的人。——每一位学生都有思想，他可以管不住自己的行为，但他一定会明白老师对他的好，有了这种认识之后，学生一定会慢慢地对"规则"、对"行为"开始有了敬畏之心，不当言行也在不知不觉中有了转变。

（5）当学生出现问题并造成后果之后，老师在处理问题上，一定要在第一时间掌握准确信息，一方面是要对受伤害的学生进行关爱。另一方面，要对出现问题的学生进行教育。目的有两个：一个是要让这名学生知道，做错事是要承担责任和后果的，不可能不了了之；另一个是要让所有学生明白，老师是公平公正地对待每一位同学。

（6）当特殊情况出现时，如正在事发现场，学生出现了"不可控"情况，老师在处理时，更要慎重和冷静。首先要迅速将学生带离现场让他冷静。其次，如果学生已经非常冲动，那就改变思路，让其他人"退场"。这样做的目的，就是不伤害学生的自尊心，防止事态升级。

（7）我们在处理这类型的事件和解决这类型的问题时，要时刻提醒自己，做事有理、有据、有节、有证据，做到"法不授权不可为"！

这类型的学生和其他孩子一样，都是可以改变的，只是需要我们多花费一些时间和精力去陪伴他们长大。学生一定有自己的故事，他们更需要我们发自内心的陪伴、认可和鼓励，我们每一次发自内心的微笑都会让他们牢牢记在心里。

其次，我们更要获得家长的理解、支持和认可，要充分发挥"家校共育"的作用。和家长进行有效沟通，对教育问题达成一致，得到家长的支持和配合。

（1）要让家长明白每一名学生先成人再成才的理念，取得家长的理解和认可，一切都是为了孩子。

（2）清楚了解孩子的成长环境和在家的真实表现，对家长提出具体的家庭教育方法和技巧。例如提醒家长不得采取"简单粗暴型教育"、不能"放任不管"、不能以"不听话""没时间"为理由完全交给学校、绝对不能动手打骂，等等。

（3）通过细致、耐心的沟通，既让家长体会到学校的尽心尽力，又能重新唤醒家长对孩子的希望。

（4）要让家长明白并认可：学校的规章制度，对所有学生有效。简单地说，就是每一名到校学习的学生，所拥有的权利和义务都是一样的，学校会公平公正地对所有学生，一视同仁，确保每一名学生都健康成长。

（5）和家长沟通时要注意说话的技巧，让家长积极配合，共担育人职责。例如，我们可以这样说："学校的大门随时向我们所有的孩子敞开，现在的孩子还在激动当中，我们需要您的支持和帮助；您不要去埋怨和判断孩子的行为是不是合理，您可以耐心地和孩子沟通一下，让他自己说一说对这件事的看法，如果有需要，您可以随时和我沟通；通过我们的相互配合，我们想告诉孩子，他的一举一动不仅仅是老师关心，家长也同样是时刻关注的；我们希望通过您的出现，让孩子对自己的行为有更深层次的认识，这样对他今后的成长和发展会有很大帮助的。"

（6）切忌给孩子"打标签""下定义"。和家长沟通时，要站在家长的角度考虑问题、谈问题。必要时（要等到时机成熟），可以告知或建议家长："为了孩子的健康成长，可以陪着孩子去相关的医疗机构咨询一下。"——这一点非常关键，尤其是要让家长能够听进去，如果可能，可以给家长提供一下相关的公立医疗机构信息，或相关的公益心理咨询热线等。

小张同学是体育特长生，非常聪明，但行为习惯有待改进，尤其是在课堂纪律、尊敬老师方面表现不是太好。在和家长沟通时，家长并不认可学校反映的问题，坚持认为自己的孩子表现不错。经过和家长沟通联系，发现孩子的主要问题是在家一个样，在学校另一个样。如何让家长和学校携手，帮助孩子养成良好的行为习惯，做表里如一的人？

北京市第二十七中学　贺音

在成长中，通过家校合作解决孩子任何一个行为习惯问题是最优化的组合方式。对于这个问题，我建议分两步走。

首先，要弄清楚孩子在学校行为偏差的真实原因是什么？因为在问题当中描述孩子在家里表现是不错的，那说明他知道正确的行为标准是什么，之所以在学校表现不好，肯定是有原因的。是想表现个性引起同伴或老师的关注；还是说他的师生关系出现了问题，故意想刺激老师，反其道而行之，因为上面也说了他在课堂纪律、尊重老师方面表现得不好，他这个问题是有指向性的。因此，我们应该先了解一下问题的症结到底出在哪儿，然后才好对症下药。

那么，作为班主任老师，可以利用适当的教育契机，比如我们有一些主题班会，有一些心理活动的分享，让大家一起讨论"尊师重教"这个话题。让这个孩子担任活动的一个策划，比如说组织引导大家来讨论发言，尤其在孩子说到动情处，老师要及时鼓励认可他的一些想法——贴上"道德标签"。针对他的体育特长，学校举办的运动会、体育节，可以让他担任老师的小助手，或者是班级小管家这些角色，让他有更多机会跟其他的老师、同学去多沟通，增强他的集体意识和规则意识。学会换位思考，站在别人的角度去考虑问题。这是在学校，班主任老师可以参考的一些方法。

其次，在处理问题的时候，老师还应该摸查一下学生家庭的基本情况。比如平时谁照顾孩子多一些，跟孩子的沟通一般是什么方式，谁在家里面承担主要的教育责任……情况了解得越细，我们才能够知道这孩子在家里面是真的好，还是装的好。这一点很重要！如果说他在家里是真的表现不错，那么老师就应该和家长建立这种密切的关系。主要是正面的反馈，还有及时强化。每天针对孩子在学校的表现将可圈可点的地方反馈给家长，借助家长的力量，去鼓励表扬孩子在学校的这种积极表现！因为从目前来看，孩子还是很在意家长的态度，所以他在家里表现得还是不错的！在学校方面，如果表现得不好，家长就要及时反馈给孩子，让孩子清楚，父母对于他在校的表现也是有要求有原则的。

　　如果孩子确实没有养成良好的行为习惯和规则意识，只是家长关注得少，或者容易被蒙蔽，一直以为自己的孩子没问题。这样的话老师应该先跟家长做一个基本教育方法的普及或者介绍一些习惯养成的经验方法，多提示家长如何了解自己的孩子，并解决一些实际问题。

> 每次班里出现的问题指向该生时，他总有无数的理由和借口应付，张口就来，被识破又是另一套说辞，永远比老师多一句，即使当时不吱声了，下次还是这样应付问题，从不会从根本上找到自己的原因和问题。

北京市第二中学分校　魏兴

从这个学生的言行可以看出，他是非常清楚自身的问题是什么的，只不过一直试图通过编造借口等方式来掩饰其自身的真实原因。面对这种"能说"的学生，我们需要做的不是直接指出、揭穿他的谎言借口，因为答案他自己是知道的，他之所以不想让老师知道，其实更多体现的是一种逆反，而破解的方式可以从科学的沟通方式入手。

在面对学生逆反时，老师们一定要先静下心来告诉自己：这种现象是正常的。千万别和学生顶撞起来。您一方面可以对不违反原则的行为给予适当的理解和宽容，另一方面对这一时期的孩子在教育方法上更应该用多次的抛砖引玉的方法讲道理、摆事实，态度不要粗暴，语言不要挖苦。

教育心理学认为，当一个孩子能够主动去发现和承认自己的错误时，他一定会更主动地去改正自己的错误。如果我们在批评学生的时候，一开始就是不分青红皂白的责备，不给学生任何申诉的机会。在这样的情况下，孩子可能会保持沉默，但并不表示他心里已经服气。同时，这样的做法也会让孩子觉得我们只能看到他们的不足，看不到他们的优点。其实，每个孩子的身上都有着自己的闪光点，从发现孩子的优点入手，批评前多做调查分析，给孩子自己思考的空间和申诉的机会，让他们自己去发现和承认错误，这样才能收到事半功倍的效果。

如果老师的确找不到学生身上的优点，那么沟通之前，清楚地表明您对学生的期望，希望他做得更好，所以您才把谈话的机会给他。用老师们的爱心去感化学生，往往可以消除先入为主的对立情绪。这一点看上去很难做，尤其是面对那些令您头疼的学生。从我的工作特点上给老师们一个启发，心理咨询师的行规里是要求我们无条件地接纳任何来访者的，即不能对他们产生厌烦感，因为心理学坚信，学生或者任何一个人之所以出现现在的情绪和行为必定是存在原因的，如果之前的谈话里指明了原因，但学生又出现问题了，并不在于学生有意不改正错误，而是在于我们之前的原因并非是最本质的原因。

在充分理解学生的基础上，"倾听"是给老师的更重要的建议。有效的沟通始于耐心去倾听学生的话。同时，倾听也不仅仅是努力听进去，还应该在适当的时候给予学生反馈，比如点头、做出适当的表情或是在学生讲到一半的时候插几个和内容相关的小问题等，也可以在倾听之后说说自己对这个问题的看法。这样可以使学生感受到老师对他的尊重，也会使他觉得老师愿意听自己说话，进而敞开心扉说出真心话。

在沟通中要注意：处于青春期的孩子有着强烈的自尊心，家长、教师、同学的负面评价会给其带来消极情绪体验，并会使他们为了避免伤害而倾向于掩藏自己的内心想法。所以，当学生说出借口时，不要轻易地指责或草率地加以评论。即使我们对学生有不同的看法，也要耐心听完之后再说出自己中肯的意见和建议，要说出反对的理由，切不可单纯地指责、把自己的看法强加给他们。

上述都是基于面对学生出现逆反时进行沟通的方式，但若能在日常生活中给予这个学生更多的关心关怀，让学生更多地感受到老师真心为他好，甚至能让师生成为朋友，学生便能摘下逆反的面具，不再找借口，能够直面自己的问题。而这些，还需要老师转变态度，持续付出，相信老师的努力必将换来成功的回报。

◎ 初中组

某女生被其他学生发现手臂上有类似刀片的划痕，该生也曾因上课后始终未进教室让老师和多部门全校寻找，最后发现是她把自己锁在学校厕所隔间里。跟家长联系才得知其处于抑郁治疗并服药中，医生说正常上学有利于该生，但学校觉得其有自残自杀风险且让其他学生产生恐惧，希望家长能暂不让该生入校，但家长不配合怎么办？

北京市第五十中学分校　郭俊

首先，老师要做通家长工作，就要取得家长信任，要同情家长的处境。不管家长坚持让孩子来上学这个行为对与不对，孩子病了，第一受害的是家庭，家长面临的压力和痛苦可想而知。老师跟家长在谈问题的过程中，要跟家长共情，和风细雨地跟家长分析原因，让家长认识到家庭应该做孩子成长的坚实后盾，给孩子温暖和力量，帮助孩子走出困境，保证孩子的身心健康才是最主要的。

老师跟家长沟通还要做好前期准备，建议老师们先了解事实，抓好第一手的材料。学生手臂上有类似刀片的划痕，可以选择恰当的机会，跟孩子谈心，让孩子敞开心扉说说伤痕的来历，为什么要这样做。这也是为了确认一下孩子是不是有这种自残或者自杀的倾向，有多久了，大概什么频率，通常发生在什么时间，是否还做过其他的自残、自伤行为。在谈话过程中，老师们一定要注意保护好孩子的隐私，在私密的空间、放松的状态下跟孩子谈话。不要把孩子的这种情况告诉每一个老师或者同学，这样才能最大限度地赢得孩子的信任。

资料中提到家长是在老师追问的时候才跟老师说孩子在进行抑郁治疗，并且正在服药。建议一定要让家长提供孩子的诊断证明、开药记录、医生建议等，原件也好，图片也好，便于了解真实的情况，也利于关注孩子的病情发展。

根据资料看，家长不太配合。有些家长坚持让孩子上学，可能认为孩子病情不重；有的认为孩子病了，传出去名声不好，怕影响孩子的升学、就业；还有一部分家长是不够重视，觉得青春期的孩子心思多，有点抑郁状态也没有什么，树大自然直，等大了就好了。所以要诚恳地跟家长建议，孩子现在既然已经诊断出是疾病，我们不能指望自愈，肯定要寻求专业的、权威部门医生的诊断和建议。老师了解孩子的诊疗材料以及他的身体状况，是做好孩子和家长工作的前提，这也是对老师自身的一种保护。

班主任老师、年级主任也要第一时间把孩子的情况跟学校进行反馈，共同研究对策。班主任还要跟孩子的任课老师沟通。有个别的任课老师，平常可能不在大组办公，对孩子的情况不是特别了解。老师上课的时候在对孩子进行管理教育的过程中，如听讲、作业等问题反馈的时候，有可能会触碰到孩子的某个敏感点，从而产生不良后果。

还有，平常总结整理好孩子的表现材料，做好跟家长沟通的备课。材料中提到的这个孩子，不知道抑郁症到了什么程度，但是肯定有一些外在的表现。比如说把自己锁在卫生间，学校出动各部门去寻找，说明孩子没办法正常参与教育教学活动。对特殊孩子的表现，建议有记录：什么时间，出现了什么样的情况，老师如何处理的，我们平时做了哪些工作等。如果这个孩子是重度抑郁状态，可能极易出现自杀、自残等倾向，医生会建议孩子休学治疗。如果孩子是中度或者是轻度的抑郁，有的医生会建议他可以去上学。对此，建议老师一定要见到医生的诊断或者建议。我们要让家长意识到，抑郁症有一个发展的过程，要及时、定期去就诊。

跟家长沟通时要共情，要客观陈述孩子表现，表达对孩子的关心，也要有策略地跟家长说明，孩子出现抑郁症实际上是很严重的，让家长认识到，孩子能不能自主地从困境中走出来现在还是个未知数。孩子究竟要付出多大的代价也是不可预估的。每一个孩子都是家庭的希望，是辛苦养大的。不能为了一时的成绩，让孩子的身心得不到应有的恢复。

还有，建议家长跟孩子做好沟通，了解孩子对于去学校上学是什么态度。一种可能是孩子听家长的，自己没有什么意见，如果孩子愿意接受学校的教育，能保证安全，可以让孩子尝试着上学。如果孩子正在吃药治疗，有一些药吃了以后会特别困，孩子可能不愿意去学校，而家长非要强迫孩子上学，对孩子就是一种伤害。孩子的愿望没有得到满足，到了学校以后可能会采取一些方式引起家长注意，让家长来把自己接走。有的家长坚持让孩子上学，是因为医生确实给出了诊断，说孩子可以上学。针对以上情况，学校要出面干预，措辞严谨，家长认可，最好让孩子的监护人都参加。

这样的孩子在校期间，老师要多关注关心，安排负责任的小干部做老师的"眼睛"，随时关注。如果说孩子确实在校出现了情绪比较激动的情况，要立即联系家长。

总之，把孩子的生命安全和健康放在第一位，随时关注孩子的表现，才能把化解工作做好。

有的学生语言不文明，常有脏字出现，通过侧面了解，有一定的家庭原因，家长说话就存在不文明用语。要跟家长反映此问题并共同讨论解决的办法。

北京市第五十中学　姚瑶

中学阶段语言不文明是一种常见现象。无论是高兴、失望、郁闷或是无话可说，他们都习惯性地加上几个脏字，甚至在老师的办公室里，也能听到学生毫无避讳地出口成"脏"。初中生使用脏话的频率之高，甚至有点泛滥成灾。班主任用尽办法，但无论怎样动之以情，晓之以理，恩威并施，学生说脏话的现象仍屡禁不止。

案例中，老师聚焦到某个或者某些学生，并且通过调查发现脏话具有家庭环境原因，决定对孩子的家庭环境进行干预。老师要说明学生的语言不文明问题比其他学生更严重，并且通过班级教育不足以改变该生的行为。

在改变学生不文明用语问题上，建议采取双管齐下的方式。首先，进行班级教育。通过开展班会，对"脏话"的问题进行深入讨论，包括"脏话"的来源、影响、旁观者的"观感"等角度。让使用脏话的议题在班级内进行开诚布公的探讨。使学生从思想上认识到说"脏话"是不可取的，不说"脏话"是本事。其次，通过家校沟通争取家长合作。

社会上有些人确实有"出口成脏"的习惯。"脏话"出口，自己都意识不到。形成了这样的语言习惯，年深日久，改变起来也很不容易。家长在家里说话总带"脏字"，孩子也容易效仿，在正常沟通中带"脏字"形成习惯。另外一种情况是，家长在教育孩子的时候使用"脏话"辱骂孩子，侮辱孩子人格，孩子错误地用"脏话"的方式显示力量，用语言暴力的方式应对冲突。

在与家长进行沟通时，需要尊重和理解家长的现实条件。可以从以下几个方面进行。

一、介绍学校工作争取家长配合

介绍语言文明相关的校规校纪，学校、班级为此开展的活动，以及班级文明用语的风气，学生舆论等。在了解学校教育和学校工作的基础上，帮助家长提高思想意识，认识到语言不文明影响孩子在校园中的个人形象以及人际关系。

二、文明用语家风建设

父母与孩子之间也要讲礼仪，平等相处，尊重孩子的人格，适当站在孩子角度思考问题。认真倾听孩子意见，理解孩子的观点，有道理的就要接受。父母的想法也要及时和孩子平等沟通，共同商讨，达成共识，绝不可以专制地对待孩子，更不可以随意辱骂侮辱孩子人格。可以与孩子协商建立文明用语约定，彼此监督，互相鼓励。父母作为孩子的榜样，在语言文明上也应该成为孩子的榜样。家长能够以身作则改变自己的用语习惯是对孩子最好的教育。

三、提出一些控制情绪切实可行的小方法

情绪激动的时候如何冷静下来？

1. 深呼吸

在情绪到达顶点的时候，一定要注意调整自己的呼吸。可以先停止讨论，自己慢慢坐到一个僻静的地方，如果没有时间去找地方也可以在原地，做几个深呼吸。人在激动的时候，呼吸会非常的急促，这样对于情绪的发泄没有任何的帮助。这时候可以做几个深长且特别慢的腹式呼吸，让更多新鲜的空气进入到身体内，这样大脑和心脏就不会缺氧，也就不会有窒息的情况发生，情绪也就得到了缓解。

2. 远离是非地

逃离虽然并不是一种最好的选择，但是相比接下来事态向更加严重的方向发展来看，逃离是非地是比较明智的选择。因为如果处在矛盾的中心点，情绪爆发是迟早的事，而情绪爆发事态就控制不住了，也容易被别人抓住把柄。所以在事态发展得更为严重之前，远离是非之地，将自己从矛盾中心解放出来，可以去散步、跑步、打球，也可以做一些让自己感觉好的事情，等情绪稳定再回来解决问题。面对孩子的时候，需要家长尽量保持情绪的稳定和内心的镇定，修炼大心脏不是一朝一夕的事，但是要学会有意识地锻炼。

将"脏言脏语"改为"文明用语"，展现给人的不只是有素质的形象，甚至在一些重大的人生转折点，会成为决定成败的关键。

李玫瑾教授曾经说过："全部教育，或者说千分之九百九十九的教育都归结到榜样上，归结到父母自己的端正和完善上。"父母不仅自己不能说脏话，还不能让身边的任何人当着孩子的面说脏话。而且，在看到孩子交友、上网的环境中充斥着污言秽语时，一定要及时清理，尽量让他远离不良的语言环境。教孩子用更理智的言语表达需求，并及时对他的文明用语给予肯定和鼓励。

> 学生作业落实不到位，作业敷衍了事，少交、不交或者抄袭，达不到练习巩固的目的，希望家长关注配合，监督学生按时完成并提高作业质量。

北京市第五十五中学　张晓玉

建议一：与家长建立互信基础，统一认知

通过表达学生的闪光点，让家长感受到教师对学生的认可，建立互信基础，进而将客观的事实反馈给家长，倾听家长了解的信息和看法，了解学生在不同环境下的表现，以此就学生在作业落实中出现的问题统一认知，与家长共情对孩子发展的担忧，为后续沟通如何让孩子变得更好打下基础。切忌见面后就提学生的问题，夹杂着主观预期对家长一顿批评，引发家长防御心态，抵触甚至拒绝沟通。同时，教师要关注家长的情绪反馈，避免家长过度焦虑。

统一对学生现状的认知后，明确家长需要承担起监督学生作业的责任。教师要提醒家长：家长自身的成长经验不能作为当下培养孩子的依据。有家

长不认可"家长要关注孩子作业，培养良好学习习惯"。极端的家长会认为：学校承担在学业上教育学生的全部责任，家长只负责学生的生活部分。《家庭教育促进法》第二章提出，父母或者其他监护人有责任帮助未成年人树立正确的成才观，引导其培养广泛兴趣爱好、健康审美追求和良好学习习惯，增强科学探索精神、创新意识和能力。作业落实属于培养学生良好的学习习惯范畴，是明文规定家长要承担责任的。通过教育观念的沟通或者法规的宣讲，让家长了解并认可自身责任。

建议二：结合家长的水平和工作状态给予对应的监督建议

家长会反馈监督作业中遇到的问题，如知识水平不够，没有闲暇时间，监督过程总起冲突等。先跟家长明确配合要点。

第一，要求家长关注学生完成作业时的学习状态。希望学生在相对专注、高效的状态下完成作业，落实学习到的知识。若家长时间宽裕，可以陪伴孩子完成作业，确保学生在完成作业过程当中不使用电子产品。家长安静完成自己的工作或者读书，发挥家长的垂范作用。

第二，家长检查作业，确定学生的完成情况及作业态度。家长只需关注作业字迹是否清晰，解题是否有痕迹即可，不需要检查孩子作业的答案是否正确。可以让家长跟孩子在老师的主持下，设定一个前紧后松，定期确定孩子作业完成情况的一个计划。比如每天制定孩子完成作业的时间，孩子把在家完成的作业在记事本上打钩，最终由家长再落实一遍。家长落实的频率可以由每天逐步降低到三五天一次。家长也要允许学生作业中出现少量空题，等待学生找老师或者同学询问提升。

第三，有特殊情况可以找学校帮忙。义务教育阶段，学校要安排课后服务工作。通过家校协作适当降低家长配合难度，利用课后服务，由学校提供一段时间的监督，再和家庭监督结合起来。让孩子明白作业的重要程度，给家长提供支持。

第四，协助学生降低对作业的畏难情绪。老师可以提前与学生沟通，了解学生落实作业困难的原因，进而提出家长调整的方向。如通过一些小的劳动或运动，在饭后引导孩子达到较为兴奋的状态，达到一个愿意学习的心理状态，或者更合理地规划作业顺序，让孩子从会做、简单的作业开始写，允许孩子一些题不会，可以跳过去，放在最后思考，或者第二天再问老师。

第五，家长要营造一个安静、专注的环境。首先，家长不要动手机、看电视，哪怕要动手机、看电视，也要去孩子看不见的地方，避免影响孩子。

其次，排除学生完成作业间隙的手机干扰，去厕所、吃水果之类的短暂休息时间不让学生玩手机。最后，非必要不主动去打扰孩子的学习过程。例如学生在完成作业时，主动提出让孩子吃水果、上厕所、喝水等要求。不能突然介入孩子学习过程，质询题目的答案是否正确。这些行为都严重打扰了学生的学习过程，干扰学生专注力，破坏学生学习的延续性。

第六，家长如果还有余力，可以关注学生完成作业时是否有明显走神、拖拉的情况，看到且确定的情况下，及时、温和地提醒学生。可以说：你是不是不舒服？是不是题目太难了？让孩子专注当下，不走神即可。这里不建议直接指责，容易激起孩子的防御心理。

建议三：做好老师的心理建设

老师在跟家长沟通前，也会出现焦虑、担心等多种负面情绪。请老师不用担心，既然判断这个问题会影响学生成长，需要跟家长沟通，就应该去行动。家长其实非常乐于跟您沟通，尤其是在您跟他达成共识，让他明白老师在跟他一起为了学生的发展努力时，会非常感激您的专业、负责和对学生的爱。同时，有些家长会像学生一样，他并不会主动找老师解决学生的问题，很需要您主动迈出第一步。

在一对一沟通之余，还可以通过家长委员会、家长经验分享等方式，更多的对家长宣传如何培养、纠正学习习惯，提升家长的配合度。

女孩一直以来成绩不好，家长从4年级到6年级，每次期末考试前都要给孩子请几天假，在家全天一对一辅导，但是也仅能得到一个及格线附近的成绩。女孩在校乐于与老师交流，但课上总会走神，抠手。作业完成困难，家长经常因孩子无法完成作业跟老师请假。在期末调研中，各学科成绩都是低分，更出现了历史、道德与法治学科答题卡大量空白，无法在规定时间内写完的情况。

北京宏志中学　刘梦喆

建议分两种情况给出解决方案，首先要考虑这个学生是否存在生理上的一些缺陷，如注意力缺陷、多动障碍等，如果不是上述情况再针对一般学生都可能会出现的注意力不集中问题进行解决。孩子父亲已经五十九岁了，年纪与多数家长的三四十岁比较，就是偏大了，高龄生产也可能会对孩子先天造成一定的影响。注意力缺陷障碍症，就是我们所说的小儿多动症，也是指智力正常或接近正常，有不同程度的学习困难，自我控制能力弱，活动过多，注意力不集中，情绪不稳定和行为异常等症状。由心理因素或社会因素等原因引起的，所以，首先应该建议家长先咨询一下心理方面的专家进行排除，若确实为这种情况，我们就要寻求更专业的治疗，早干预早治疗。如家长不愿意接受孩子有生理障碍的事，拒绝带孩子去医院问诊，则需要老师的耐心引导。要说明事情的严重性，为孩子将来考虑一定要尽早寻求专业的治疗。在排除生理的缺陷后，再针对这个小姑娘的一些不良学习习惯进行纠正。对于孩子学习习惯差的问题，一定要家校协同，因为在学校纠正，回家又打回原形了，所以在一些处理方法上一定要达成一致，才能更好地帮助孩子。

因此，要尽可能地去了解一下孩子的基本情况。老师提供的家庭背景已经很具体了，还可以再了解一下孩子父母的职业，平时与孩子的关系是否会出现打骂的情况，了解得越细致越好。在做好这些基本功课后，最好的方法，我觉得就是先约谈家长，因为孩子跟家长之间的问题很多，是我们从表面现象了解不了的，如孩子的家境，先了解一下他的家庭状况。如果家境不够理想，父母与孩子之间又缺少沟通，那这些社会因素可能导致孩子注意力有缺陷，家长遇此情况非常焦急，找不到办法，只能通过家教、补课来改善现状，但又往往不尽如人意，所以我们在与家长面谈的时候，可以注意以下三点。

第一，一定要拉近教师和家长的距离，让家长充分信任教师，因为家长出现不让孩子去学校上课，单独补课的情况，有可能是对学校老师教课的能力存在一些怀疑。

第二，就是要分析，为他们分析家庭环境对孩子成长的重要性。父母有效沟通是促进孩子健康成长的重要环节，不要因为孩子一直成绩不理想，就予以否定，这样孩子会对学习更加恐惧，不仅没有学习的动力，在心理上也会出现一些变化，继而自卑，更有很多学生会出现一考试就因紧张而晕眩，看到卷子就恶心等现象，所以孩子稍有进步，要在语言上和行为上鼓励，慢慢建立孩子的自信。

第三，提出一些切实可行的小方法，避免使用否定的词语，比如不许、禁止等。每天给孩子一句认可和表扬，还有就是保持自己声音平静缓慢，不要上来就火急火燎的，好像跟打仗一样。孩子做错了事儿，生气是很正常的，但是家长一定要学会控制。有一点很重要，就是鼓励家长多与老师沟通，寻求老师们的帮助。谈话的首要目的是解决家庭因素带来的影响，其次是在排除这些因素之后，双方在学习方法和学习态度上进行一定探讨，再去帮助这个孩子。如果这个孩子的家庭环境是比较和谐的，那出现这类问题的根源就可能是家长没有找到很有效的教育方法。虽然都是很着急地为孩子们好，但是可能给孩子压力太大了，而忽略了孩子的内心世界。这时与家长谈话可以忽略那些家庭因素，而主要放在学习方法和学习态度上，建议家长和老师达成一致，在校内校外一起培养孩子的好习惯。老师与家长交流时可以给家长两个建议。

第一个就是针对孩子规划合理的学习作息时间，因为孩子可能一天都在走神儿了，什么时间该干什么事情他并不知道，所以科学合理的作息制度可以让孩子养成好的学习习惯，对孩子的生活和学习都是有好处的。家长和孩子共同制订的这个学习计划表，家长也可以一起来执行，比如说孩子在学习时，家长也可以在这个时间看看书，一起可能会让孩子动力多一些。而且在制定的时候，最好根据孩子的喜好，比如说周末的时间是比较宽松或自由的，可以根据孩子的喜好，来做一些活动，也是增进家长和孩子之间默契的一种方式。

第二个就是可以做一些提高注意力的训练，在家里，家长可以帮助学生做一些好玩儿又有意义的训练，比如乒乓球训练法，就是让孩子把乒乓球拍端于胸前，保持十厘米左右的距离，然后把乒乓球放在中间，尽量保持一个稳定不动的状态。家长可以在一旁记录时间，如果说每次的时间又长了一点，就鼓励鼓励孩子，或者是采取两个家长陪孩子一起做这样的方法，像游戏一样，孩子会更有兴趣，也可以增进家长和孩子的感情。这样每次保持的时间增加了，家长再给予一定的表扬，孩子自信心会得到很大的提高。还可以进行大声的读书训练。这个也可以增强注意力，每天安排一个时间，去练习大声读书，一定要大声，因为大声地朗读才能有助于训练孩子的眼、鼻、脑的相互协调，有助于注意力的充分集中。除了家长的一些在家的这种训练和配合，老师在学校也要采取一些方法来帮助学生。可以在课上进行一个眼神的交流。孩子课上容易走神儿，但是下课又很喜欢跟老师交流，所以可以判断孩子是喜欢老师的，所以当孩子在课上看到老师的目光后，就会立即回神儿，再认真地听课。切记不要在孩子不专心时，对他们大吼大叫，说谁谁，走神了，这样会吓到孩子，还会留下心理阴影。如果有的孩子沉迷于自己的世界，看不到老师的眼神儿，那么希望我们老师可以故意走在一旁，慢慢靠近孩子，并适当地提高音量。这个时候孩子一般很警觉，而且怕被老师发现走神而被批评，这时老师可以轻轻敲下桌子稍作提醒，然后继续上课。一定要老师和家长一起协作才能事半功倍，而且每一个阶段，老师和家长还要及时沟通，孩子是否有进步，或有哪些发展，这样才能更好地帮助学生。

> 班内有同学"早恋"，这俩孩子经常课间在一起，也无心学习，家长沟通后无果，我们应该怎么办？

北京市第一六六中学　闫雪东

首先要了解实际情况，根据家长的描述以及在班级内对孩子的观察，判断孩子到底是否属于早恋。如果真的属于早恋，家长已经与孩子进行过沟通，那么最大的问题可能是在沟通的方式方法上存在问题，需要我们教会家长如何与孩子沟通，并且由教师与孩子进行进一步的沟通。最后，如果再次沟通无果，一方面需要告知学生和家长学校对于早恋的管理办法，另一方面也要给家长提出在监管方面的建议。

在处理问题前，应先做一些基本工作：多观察孩子的在校表现，并从班级内其他同学那里了解孩子的一些实际情况，不要过早给孩子定性。然后询问家长孩子在家有哪些异常表现：是不是手机使用频率增加了？有没有经常和固定的异性朋友聊天？是否聊天到很晚？开销是否明显增加？经由学生在学校和家庭的表现来判断孩子是否属于早恋。

如果确定是早恋，也不要着急。

作为教师，我们对早恋要有一个正确的认识。同时，我们也要让家长知道早恋不是蛇蝎猛虎，对于青春期的学生来说，早恋属于正常现象，只有真正明白早恋到底可能产生什么影响，把道理跟孩子阐述清楚，才可能做到有效沟通。如果在沟通中只是一味地"不可以、不允许、不能够"，那么更容易激发孩子的逆反心理，起到反作用。

在与家长沟通时可以这样说：孩子现在进入了青春期，不管是身体还是心理都有了明显的变化，对异性有好感是非常正常的一件事情。这是因为青春期身体发育迅速，导致激素水平上升，特别容易影响到孩子的情绪，也容易让孩子对异性产生好感，这说明孩子的发育是非常正常的。我们需要做的是引导孩子正确认识和处理与异性的关系，不要因此影响孩子正常的生活和学习，争取平稳度过这个特殊时期。

我们还要告诉孩子：每个人都有对"美"的向往，更何况是对爱情！古往今来，名人雅士也难抵挡它的魅力。但我们也要看到，爱情不只有美好，还会有伤心和痛苦，这会影响一个人的情绪，甚至导致情绪失控，即使成年人的世界也会出现自残、伤害别人，甚至殉情的事情。你进入中学阶段虽然身体逐步成熟，但情绪的控制能力远低于成年人，因此更容易受到影响。而中学又是一个人成长的黄金阶段，失控的情绪会直接影响到你一生的发展。所以，大家反对早恋，实际上不是反对爱情，而是怕早恋会影响你的情绪，甚至对你一生的发展产生不良的影响。当你，还有你喜欢的人，都有了足够强大的情绪控制能力时，我们不会反对你对美好爱情的争取。

同时，除了以上沟通之外，可以建议家长平时多跟孩子聊天，在适当的时机聊一聊孩子的异性朋友，看孩子是否会主动提出关于对异性的一些看法；也建议家长多陪伴孩子一起阅读、锻炼等，让孩子的生活更紧凑。

如果沟通依旧无效，不能改变孩子，那就需要学校和家长共同配合，在一些行为上对孩子进行限制，从而达到劝诫的效果。如：不允许孩子长时间使用手机、电脑等通信工具，控制孩子聊天的时长；可以在上下学时由家长接送。除此之外，作为老师，还要告知学生和家长，学生需要控制住自己的行为，不要有超出学生行为的举动，如果学生在校有不符合中学生行为规范的行为，学校会对其进行相应的处理。

> 有一个孩子在班里没有朋友，反而和外班的、高年级的孩子更近乎，我很担心他和其他班的学生闹出矛盾，惹出不必要的麻烦，作为班主任，我要怎么解决这个问题？

北京市第九十六中学　李建楠

这名学生在外班有关系好的同学，那就要从以下三个角度分析：（1）是否班内同学孤立他？（2）是否与外班孩子有什么交易或者相同的爱好？（3）是否孩子本人不愿意和本班同学一起玩？

建议老师从以下几方面入手：首先，问本班的班委以及靠得住的几位同学，先听听他们怎么说，找到是本班其他同学的问题还是自身问题。若是本班同学的问题，反复强调班集体的重要性以及同学关系的和谐性；若是学生自身问题，那就要从家庭关系入手，必要时请家长到校及时沟通了解。其次，问询外班班主任，关于外班同学的性格以及家庭问题，寻找他们之间的共同之处。最后，找这位同学进行沟通，针对性地解决同学关系。我有三个角度的想法。

一、学校环境对中学生交往的影响

虽然我国现在已经进行了新课改，全面实施素质教育，加上现在的"双减"政策，国家对于中学生的课业负担减轻了不少，但是中学生与外界交往的机会以及时间较少，家长可能会由于学生学习成绩的落后，从而屡屡产生挫败，导致部分学生极度自卑，于是开始出现了不良的行为习惯，建议学校加大监管能力。

二、家庭因素的影响

家长是学生的第一任老师，一些家长对孩子的交往能力不重视，或者因为自身的文化素质或者修养不够，往往只是重视孩子的物质生活，而不重视孩子的精神需求，平时很少与孩子进行交流或者有交流，方式也比较简单粗暴。在家庭内部减少了与同龄人交流的机会，这对孩子的交往能力也会造成一定的影响，家长是孩子成长中的引路人，有义务帮助孩子渡过难关。

三、互联网发展带来的影响

互联网的产生以及迅速发展，使得信息传播更为快捷方便，极大地方便了人们的生活和生产。同时，互联网使一些中学生受此影响，可能会出现一些不良的交往行为。还有一些中学生受网络游戏的影响，生活在网络的虚拟世界中，或者利用微信等社交软件与外班同学进行过度的交流，出现排斥现实世界的人际交往的情况。

总之，人际交往是人与人之间的互动，是人们获取知识、信息的一种重要手段，更是学生期间必要的技能之一。中学生在校园里的人际交往非常重要，实际生活中，中学生和同龄人有着较高的交往热情，而且绝大多数的交往动机比较健康，但是还存在着一些糊涂思想，比如哥们儿义气，老师要借助多方面的因素进行关注，如同学关系、老师介入、家庭关爱等，只有多方合力，才能更好地帮助中学生构建良好的人际关系。

班里某位学生经常以"我是你的朋友"为理由，要求另一名学生（没有什么朋友）请客，甚至直接用人家的手机进行支付，作为老师该如何跟家长沟通？

北京市第二中学分校　刘芳娜

在和家长沟通问题之前，提前了解孩子父母的工作、学历、生活环境、共居者情况等基本信息；提前找另一位同学核实事情经过（确定事件性质：主动请客、被动请客、被迫请客）；和该学生沟通了解、核实事情经过；从学生陈述的事情经过中寻找问题的原因，针对孩子反馈的原因进行教育和引导。基于对事情经过的了解和确定，以及双方学生的态度及想法，有针对性地与家长进行沟通。

根据前期了解，大致有三种情况：

情况一：学生家庭情况良好，且有足够的零花钱，该同学的行为主要是想占便宜。

这种情况下，我会侧重和学生进行沟通。从贪小便宜吃大亏的角度，引导学生珍惜朋友，严肃道德行为规范，并以《刑法》第十七条规定（已满十四周岁不满十六周岁的人，犯抢劫应当负刑事责任）加以教育。同时，将教育过程告知家长，并委婉表达家长应在日常生活中以身作则，给学生树立榜样。

情况二：学生家庭情况良好，且有足够的零花钱，该同学的行为主要是对于"朋友"的理解不准确，认为朋友给他花钱是认可他、接受他这个朋友的表现。

这种情况下，我会对这名学生进行"交友"教育。引导他懂得正确的友谊观，并与学生进行约定。一周为期，每天撰写观察日记。约定内容：选择班中的社牛达人，观察社牛达人是如何与朋友相处的，一周后与老师进行分享。此外，可以通过访谈的形式对社牛学生进行人物访谈。也可以利用班会的形式开展一期"朋友，我很珍惜你"的主题班会。

情况三：学生家庭情况一般或者不太理想，学生没有足够的零花钱，但是学生有想要的东西得不到满足，且这种心理没有得到很好的疏解及消化，因此，出现这种不恰当的行为方式。

这种情况下，我会更侧重与家长的沟通，而且要进行持续性的沟通。从帮助学生树立正确的价值观、引导学生做欲望的主人等角度进行剖析，给家长提出具体建议。同时，我会采用"目标·行为·奖励——管理欲望"的主题班会形式来完成我的教育意图。

与家长可以这样沟通：

孩子在学校内表现良好，与同学关系非常融洽，周边总围着好几个好朋友，他经常有新鲜的物件与同学分享。

在金钱这方面，建议您在日常中多留心观察孩子的使用情况。目前我收到一些学生的反馈：孩子以"我是你的朋友"为由，要求另一位同学请客，甚至直接用别人的手机进行支付。我也找孩子核实了，确实有类似的事情发生。《刑法》第十七条有关规定，已满十四周岁不满十六周岁的人，犯抢劫应当负刑事责任。

当然，孩子成长过程中会出现各种不同的问题。孩子还小，对事物的认识有不准确的地方，所以行为上用错了方法，咱们及时沟通，防微杜渐，加以引导，帮助孩子树立正确的价值观。我建议您从两个角度入手。

第一，从朋友的角度。

什么是真正的朋友？ A friend in need is a friend indeed.（患难见真情）友情很宝贵。朋友之间需要真诚纯洁的友谊，互相帮助、互相勉励、共同进步。不能以朋友的定义去要求别人怎么样。帮是情分，不帮是本分。如果我们要求别人去做一些别人不愿意做的事情，是会失去珍贵的好朋友的。

第二，从树立价值观的角度。

一是劳动教育，不劳而获不可取。您可以带他去您的工作单位，让他看到您的工作的辛苦，再通过夏天门口满头大汗的保安、早起工作的环卫工人、飞驰而过的外卖小哥，让他明白大家都在辛苦地工作赚钱，有付出才有收获。

二是理财或者储蓄。孩子零花钱不多，但有想要买的东西，怎么办？给您推荐一本书《小狗钱钱》，这本书通俗易懂，建议和孩子找个时间共读这本书，共同完成简单的理财行为。①共同制定愿望清单。②将愿望进行分解，细化到每一天。③将这个过程可视化——记账，并贴在房间醒目的位置。④每周小结，看看钱主要用在了什么方面，有哪些钱可以不花或者少花，让孩子自己进行分析。⑤当孩子实现清单上第一个愿望时，一定要大力表扬，发自内心地以他为豪。培养孩子从小树立正确的金钱观、消费观。量入为出，适度消费。勤俭节约，艰苦奋斗。避免盲从，理智消费。

> 　　家长经常因为成绩对孩子拳打脚踢。孩子向我哭诉，请求我的帮助。我初听这个情况很气愤，但也意识到应理性地解决问题，您认为我该怎样帮助这个孩子呢？

北京市广渠门中学　唐晴

　　先安抚情绪，再想办法解决问题。

　　当学生情绪平和下来时，才会避免事态的恶化，继而了解孩子及家庭的一些基本情况：孩子父母的职业、受教育程度、平时与孩子的关系，打骂通常在什么情况下发生、发生的频率、殴打或辱骂的程度……

　　如果孩子的父母文化水平不高、家境一般，父母大多是渴望孩子通过学习改变家庭现状的心理，但囿于文化水平不高、教育能力不强，只能采取简单粗暴的方法。在与家长面谈时注意几点。

　　语言表述要朴实：有亲和力的沟通有利于打消家长的顾虑。

　　提出一些切实可行的小方法：每天给孩子一句认可或表扬、和孩子聊聊学习之外的趣事、愤怒时控制自己情绪三分钟、给孩子讲讲自己的工作。有一点很重要，鼓励家长多与老师沟通。

让家长、孩子在您的面前达成协议：孩子要做出哪些努力、家长要承诺做出哪些改变。

如果孩子成长于高知家庭，家境不错，那么出现这类问题的根源很可能在于家长的"拼娃"心理。这类家长往往较自负，对老师及学校的信任度并不高。在与家长谈话之时应以专业性和科学性为前提，谈话风格应有理、有力、有节，辩证地分析问题。

我们可以告诉家长，人的能力是由体力、智力、心力有机组合在一起的，一个人能力的高低是看这"三力"之合。且人在发展中"三力"的发展并不是同步提升的，而是错落前进的。尤其在未成年阶段，这三者的发展速度更是因人而异，以一个阶段的某一种能力评价一个人的整体，显然是不正确的。所以，你们对孩子的评价失之偏颇。静下心来，给孩子信任和支持，发现并培养孩子的优势能力、帮助并弥补孩子的不足，才是符合教育规律的。

再比如，谈到家长对孩子的态度，我们可以与家长分享一个公式：感觉＞行为＞说教＞打骂。这个公式的内涵是：家长对孩子的爱、关怀、信任、期望等综合传递的感觉会直接被孩子所感觉到。感觉要经过孩子的大脑，行为要经过孩子选择，孩子觉得这个行为好，所以他模仿，然后进入了他的生命里；说教要经过他的大脑，他来判断有没有道理，当孩子认为家长的说教方式和内容是无理的，对打骂更是产生了恐惧或者是强烈的逆反时，他可能把家长所有的善意全过滤掉了！而感觉是直达孩子的灵魂深处，剩下的就只是对抗或逃避。

应该与家长严肃地谈一个问题：对孩子长期的打骂本身就是违法行为，您可以去学习一下《反家庭暴力法》第二条。

谈话结束时应该给家长以鼓励，并建议晚上开个家庭会议，家长与孩子及时沟通。沟通的情况请家长与孩子分别向您汇报，您做综合与权衡后，应与双方进一步沟通。

总之，约谈两种不同类型的家长，方法是不同的：前者宜深入浅出；后者宜言之有据、言简意赅。

> 孩子向老师哭诉：家中父亲有自己的理论支撑，母亲也比较强势，针对孩子的一些问题经常各执一词，互不相让，直到矛盾频出，两人大打出手。孩子很苦恼，希望老师帮他说说父母。作为老师，我该用什么方法去调节这对父母呢？

北京市第五十五中学　王艳

可以分三个步骤来解决这个问题。

一、安抚学生情绪

通常孩子在遇到父母争吵的问题，很容易将父母吵架的原因归结于自己，认为都是自己做得不好才会导致家长吵架，会产生自责，内疚，甚至是"我不配活着""我丝毫没有价值"这样的自我价值贬低的想法，所以必须先安抚孩子情绪。在孩子情绪平稳后，您可以评估一下孩子是否有这样的想法，然后再帮助孩子明确家庭中的人际边界意识，父母之间有问题并不是孩子的问题，如果对这件事情过度地自责，那需要孩子来调整自己的想法。另外，我们可以引导孩子思考解决目前的难题有什么办法，从自身的角度进行调整可不可以解决问题？或者能不能主动找父母沟通一次？这也是帮助孩子提升问题解决能力的一个思路。

二、了解家庭情况并进行评估

在处理问题的过程中要尽量多地了解孩子的基本家庭情况，家庭成员都有谁，父母的职业和学历，了解父母争吵打架的频率，这样的情况是从什么时候开始的……信息越细致越好，必要时请心理老师对孩子进行心理辅导，协助您一起解决问题。

如果经过评估，您认为孩子有能力通过自己的行为和认知方面的调整解决目前的难题。例如：该生愿意并有能力跟家长进行一次沟通，目前可以暂时不用联系家长，先让孩子自己去尝试解决；如果经过评估，孩子现在还没有自己解决问题的能力或条件，那么出于对未成年人身心健康的保护，我们有必要跟家长进行一次正式沟通。

三、约谈家长

一般来说，处理这样的家庭问题，您最好请校内的其他老师一起参加，比如该生班主任、心理老师，年级组长、教育主任，至少2—3位老师一起跟家长谈话，而且是面谈。

"家长您好，我最近发现您的孩子在学校里有点郁郁寡欢，上课时经常心不在焉，今天他主动找我谈话，他跟我说最近特别苦恼，没有心思学习下去了，不知道您二位最近有没有感觉孩子有何异常？

"孩子主动跟我倾诉了他苦恼的原因，那就是您二位最近经常因为他的事情进行争吵，让他感到极度内疚和烦恼。我知道您二位都是重视孩子教育、负责任的好家长，只是有时候我们表达出的信息和孩子接收到的信息会不一样，我相信家长做的一切都是为了孩子好，但有时候，我们的付出到了孩子那里也有可能变成了压力。今天我们都站在孩子的立场替孩子想一想，在孩子的教育方面，我们自身有没有需要调整的地方？我们怎么做能对孩子的成长更好？我们怎么调整一下来减轻孩子的压力，也尽力避免孩子产生更严重的心理问题？所以请您也不要有任何顾虑，咱们都是从孩子成长的角度出发去探讨问题。"

其实仔细想想，家庭中的争吵通常都是各有各的道理，这个时候需要站在对方的角度思考一下，相互理解，问题就解决了。把争论上升到争吵，这可不是聪明父母的做法。家长的争吵对孩子来说就是最大的灾难，尤其有些孩子本来就很敏感，他会觉得是他做得不好，才导致父母争吵，这更会让孩子自责和内疚。

我的建议如下。

一是再有意见不同的时候，二位先搁置争议，先冷静三十分钟，然后再平静地去讨论问题。

二是我们提前制定好家庭公约，把家里各种事情的原则定下来，大家一起执行。而且我建议制定家庭公约的时候，也征求一下孩子的意见，孩子也有发言权，他有能力去决定跟自己有关的事情。

三是希望今天回家后，您二位也真诚地跟孩子谈一谈。可以跟孩子真诚地表达感受："我们真的没有想到我们吵架会对你造成这样的影响，爸爸妈妈跟你真诚地道个歉，我们保证以后不再用争吵的方式解决问题，遇到意见不同时，我们会用协商的方式解决。"

跟家长谈话结束后，我们还需要继续跟进这个家庭的实际进展，了解情况是否得到改善。

班中一位智力有缺陷（智商略低，但无残疾证明）的学生，遇到喜欢的东西，经常"顺手牵羊"，曾经拿过其他学生的足球鞋、骑走过其他同学的自行车。这个孩子的问题该如何解决？

北京市广渠门中学　暴秋实

一、具体情况

初一年级男生，入学一年来，顺手牵羊动作次数越来越多，涉及金额从几毛钱到上千元，与家长沟通后，家长以文化层次较低、孩子情况特殊为理由，不管不理，认为责任应该在学校和同学，是同学没有看管好自己的东西，是学校没有看管好自行车。同时，班级其他学生家长知道该生家长态度后也非常气愤，班主任非常为难。

二、建议解决方法

该生情况确实特殊，也非常棘手，是班主任工作的挑战，也是历练！

1. 家长责任方面

与家长沟通重要问题。（1）"顺手牵羊"情况如果继续存在，是触犯法律的，涉及金额越大越严重，更无法弥补，现在管理是为了给孩子更好的未来。（2）2021年10月，国家出台了《家庭教育促进法》，其中明确家长对于孩子的问题、过错是有教育责任的，放任自流是违背法律的。（3）孩子的特殊情况，建议还是尽早办理相关特殊学生证件，也是为了保护孩子。（4）孩子的成长是需要家长与班主任密切沟通的，后续需要跟着班主任的方法在家里同步进行管理，并定时与班主任沟通情况，如遇困难一起解决，要明白家校合作才能达到效果，教育面前我们是合伙人！

2. 班级帮扶方面

召开一次小型班会，用共情的态度和其他孩子沟通，如果你是该生，你的特殊性，你的心理会是什么样，请孩子们通过共情，感悟出我们要自觉关爱该生、帮助该生！我们可以从两个方面入手。

看护好自己的东西。一旦发现该生有"顺手牵羊"的行为，请不要针对性地指出来，可以悄悄地告诉老师，不要强化他的意识。

班级活动多带他一起参与，让他感受到班级的温暖。

3. 调动自身原动力

这是问题解决的核心，基于他思维意识的特殊性，我们与其沟通时，首先，用共情的方式告诉他，老师知道你喜欢这些东西，但它不是你的，如果需要我们可以让妈妈爸爸买，就可以长期使用了。其次，尽量用简洁明了的条例语言进行布置。最后，对于出现的问题，我们采用积分奖励机制鼓励他不再"顺手牵羊"，从一天、两天、三天……一周、一个月，当天没有"顺手牵羊"奖励一个贴画，一周积攒的贴画可以换取奖励，当然，如果中间再犯错误，就要惩罚，扣除贴画，辅之为班级做件事进行强化。

这样的方法尝试下去如果有很明显的进展，一定不要吝啬表扬，可以召开小型班会，让同学们都夸夸他最近的进步点，这样更促进他的变化。每个孩子都有他的优点和不足，我们应放大优点，弱化不足，让他看到曙光，找到自己的闪光点。

班中一名学生可能有些心理问题，经与心理老师沟通，心理老师也认为该生需要去医院进行专业的诊断。但我担心家长对"心理问题"和"就诊"有偏见，您看我要如何跟学生家长沟通呢？

北京市第五中学分校　任诚

　　对于这个问题，我觉得既然您和心理老师都觉得这个同学有心理问题，需要看医生了，说明这个同学在平时的表现中，一定有和别人不一样的地方，这些不寻常的表现您可以先收集起来，作为和家长谈话前的准备工作。

　　在和家长谈话的过程中，我们的总体原则是希望能通过列举学生不寻常的表现，来帮助家长得出"孩子的心理可能有问题，需要看心理医生"的结论，切记不要直接告诉家长孩子心理有问题，这样就能有效避免可能出现的家长问题。

　　具体来说，当您的准备工作做好后，就可以联系家长了，在和家长对话时，您可以说：某某家长您好，我注意到最近孩子有些行为比较怪异（这里可以举一个您之前收集到的异常行为），想和您了解下他最近在家是否有类似行为或经历了某些特殊事情？这样说的主要目的是拉近和家长距离，便于接下来的沟通。在家长回答后，无论家长如何回答，您都可以和家长探讨：您觉得造成这一行为的原因是什么，和您刚才说的经历是否有关系？

如果家长愿意主动和您分析，说明家长很配合老师，这样我们和家长的谈话一般会很顺利。当我们和家长排除了一个又一个选项后，如果家长能够主动发现并认为学生存在心理问题，那么我们的谈话已经成功了；如果家长根据学生的种种异常行为，仍然不能得出一个合理的原因，我们可以对家长说："对于这样的行为，咱们班还有三个同学有类似的情况，其中张三同学是因为学习原因，李四同学是因为家庭原因，王五同学是心理问题造成的。"当我们抛出选项后，通过和家长对每一个同学自身、学校生活、家庭背景进行分析，最终一定能分析出正确的选项。

如果家长不愿意和您分析，或者认为所有的这些异常行为都挺好，没什么问题，那么这种情况我们需要特别注意，因为这基本意味着家长对学生的心理问题可能视而不见或者无动于衷了。对于这样的学生和家长，我们平时需要特别关注，以防止出现更严重的问题。我们不能寄希望于一次谈话解决所有问题，但我们可以通过关注学生，关注家长，避免一些有可能出现的严重情况。

除此以外，如果您常常和学生家长联系、沟通，有些家长也就会慢慢觉得这些异常行为确实是个问题了。

总之，随着物质需求的提高，这样的问题已经越来越常见了，所以我们不要着急，对于一些特殊情况，可以慢慢来解决。处理问题时，一定要先收集资料，然后慢慢和家长共同分析，得出结论。相信您最终一定能解决这个问题。

孩子刚刚入学时就表现得很敏感，会因为传纸条被老师发现、同学的一句玩笑、同学间的一个小摩擦对同学和老师不依不饶。这种情况我该如何与家长沟通？

北京市第十一中学实验学校　王子尧

一、情况判断

首先，孩子刚入学出现了敏感的行为特点，有可能源自孩子自身的情况，原本就是敏感体质，会出现应激过度的问题。其次，有可能与孩子原生家庭的情况有关，不同的家庭教育形式会导致孩子在适应环境、人际交往的过程中出现表现形式各异的迟钝和应激行为。最后还有一种可能是，老师自身的工作特点影响到了孩子本身适应的过程，如班主任老师在带班的过程中个人风格和孩子的适应能力出现了不匹配。

二、学生问题产生原因

第一点，这种情况的出现基于孩子自身敏感脆弱体质，容易受到外界变化影响，进而产生剧烈的应激反应，是一种常见的真实表现。这样的情况，并不代表孩子道德品质有多么的败坏，反而更应该成为老师们关注、关爱的对象，需要老师们的更多关注和陪伴。

第二点，可能是因为不同家庭的教养方式导致了孩子不同的成长特点和心理品质，从而在面对突如其来的变化时有些孩子产生应激的反应和应变的障碍。

第三点，孩子背后有没有更多的故事或者原因等待着老师们去挖掘？一味地评价、判断是否会对孩子的健康发展造成影响？老师们是不是更应该去多了解真相，感同身受孩子的处境？我想答案是肯定的。

第四点，孩子现阶段的人际交往水平未达到中学生标准，不了解如何与人相处、在新环境当中如何快速地融入等，需要老师帮助他快速提升。

第五点，在班级环境中，不同的孩子会出现不一样的反应。班级环境是由老师、学生、学校等综合因素共同决定的，能否通过老师的整体调整改善班级环境，让孩子更容易适应？也可以通过这个思路解决问题。

三、诊疗思路

首先，建议老师要进行更为持久的观察，多方地去了解情况，而不是看到问题马上反馈，马上给家长打电话。

其次，也希望老师能够多跟这个孩子进行沟通交流，更好地了解孩子的心理状况、真实需求，给予指导，帮助学生在学校生活中找到自己的定位，尽可能地开展全面的、种类多样的、贴近生活的教育来帮助孩子尽快地建立起一种和他人交流、应对初中生活的好习惯，从而快速地融入，进一步成长。

再次，必要时与家长进行沟通联系，避免先指责，而是尽可能地与家长进行询问、关心等方面的对话，一是为了让家长了解学校、老师一直在关注着孩子成长的工作性质；二是可以通过对话了解孩子背后的家庭、家长特点，掌握更全面的学生信息。

最后，如果再次出现问题，不得不与家长进行沟通时，要注意老师的立场。作为教育者，应保持一碗水端平的公正状态。与家长对话时多去关心、关爱学生的成长。此外，仍然要坚持向家长介绍学校老师为孩子成长做了哪些工作，表达希望得到家庭、家长的哪些支持，了解家庭希望孩子成为什么样的人，在这样的沟通立场上，可以更好地减少家校矛盾，从而达到我们的教育目的。

> 我发现班内的孩子在朋友圈中时时有一些灰色的甚至负面的言论，比如质疑新冠疫苗接种的政策、质疑社区的管理措施。我认为必须与孩子的家长进行沟通，而孩子的父母长期在国外，孩子与爷爷奶奶共同生活。我该与谁沟通，又怎样沟通呢？

北京市第五十四中学　夏葵

班主任必须通过视频的方式与孩子的父母沟通，同时与孩子面对面谈一次。

父母作为孩子的监护人不仅有管教孩子的责任，也有了解孩子身心状况的权利和义务。祖父母尽管在日常生活中给予孩子照料，但是他们毕竟不是孩子的法定监护人，所以，孩子的一些重要变化、重要情况仍需要直接告知他的监护人。此外，祖父母与孩子由于年龄的悬殊，很容易在价值观上存在巨大差异，在沟通上代沟明显。孩子的父母相对而言更容易理解孩子的观念和行为，在理解前提下的沟通会更有效。因此，无论是从法律责任上，还是从效果角度上，班主任都需要与孩子的父母直接沟通。

对于中学生而言，尽管他们本质上还是孩子，人生观、价值观还远不成熟，对事情的判断还很幼稚，但容易通过标新立异来表达个性，喜欢表现出成熟的样子。所以，朋友圈里的灰色言论不一定是孩子真实意图的表达，"好玩""潮"，或者仅仅是没过脑子地人云亦云都有可能。因此，了解孩子的真实想法很重要，这是和家长沟通的大前提。同时，要教育孩子，网络世界并不是"法外空间"，不负责任的表达，会给自己或者他人带来无法弥补的伤害，可以从网上找一些具体的案例来教育孩子。

无论孩子的想法是否确实存在问题，都需要与家长沟通。沟通时要表达以下三个意思：

（1）父母作为孩子的监护人，在孩子成长，特别是青春期需要尽可能地陪伴，这既是亲情的需要，更是在关键期观察孩子，防患于未然，帮助孩子把握好人生方向的需要。如果家长确实无法做到陪伴，那么要尽可能做到每周2—3次视频见面，不仅要聊学习，更要聊生活，聊自己身边的事儿或者见闻。通过所谈的事儿，传播价值观。同时，建议家长多与孩子祖父母联系，不仅问衣食冷暖，更要问生活琐事，通过孩子的言行、表现，了解孩子的所思所想。祖父母很容易报喜不报忧，要对老人晓以利害，让祖父母"实话实说"，以便了解孩子的真实情况。同时，视频的方式，也是观察的途径。孩子的情绪、态度、发型、服饰等，都能反映出孩子的变化，甚至价值取向。

（2）家长在自然而然的聊天中，需要了解并关注孩子接触的人，特别是同伴。青春期的孩子受同伴的影响甚至会超过父母。一个好的同伴能够推动孩子积极向上，反之亦然。孩子目前出现的负面言论，很可能是受同伴言论的影响。当然，接触的网络信息对孩子影响更大。网络已经是这一代年青人不能逃避的生活内容，家长要尽可能关注孩子上网看的内容，减少孩子上网时间，比如，鼓励孩子从事一些体育运动、文艺活动、科技制作等。不在孩子身边，在陪伴孩子开展文娱活动方面必然存在不足，但如果亲朋中有比较阳光积极的同代人，可以为他们接触创造条件，通过同伴作用、通过户外活动等积极的生活内容充实时间、引领价值观。

（3）就孩子存在的具体困惑提供引导。如孩子质疑疫苗接种的政策、质疑社区的管理措施的问题。首先肯定孩子，有自己的思考是好事，但是随便发表言论是错误的。这是因为，由于我们占有资源的有限性，并不能看到事情的全貌，就好像盲人摸象，贸然地评价是错误的。建议孩子上网查看一下人类疫苗的发展史，看一看中外在新冠肺炎影响下的感染率、死亡率，结合中国的人口数、特别是人口密度，医疗资源与人口总数的占比数，想一想为什么政府大力推广疫苗接种。就社区管理政策而言，矫枉过正的问题或许存在，但在舆论的监督之下也会越来越理性、科学、有效。很多时候"让子弹多飞一会儿"，才能帮助我们更好地做出理性思考，判断是非曲直。

初二年级的一个学生一个月内在学校有三次突然间的情绪爆发。在班级或厕所大哭大叫，怎么劝都不行，也没有说出明确原因，心理老师怀疑该生有情绪焦虑的问题，需要到医院诊断。作为班主任如何跟家长说明情况？

北京市文汇中学　果静雅

一、望闻问切

《精神卫生法》相关条例有明确规定。

第十六条：教师应当学习和了解相关的精神卫生知识，关注学生心理健康状况，正确引导、激励学生。学校和教师应当与学生父母或者其他监护人、近亲属沟通学生心理健康情况。

第二十一条：家庭成员之间应当相互关爱，创造良好、和睦的家庭环境，提高精神障碍预防意识；发现家庭成员可能患有精神障碍的，应当帮助其及时就诊，照顾其生活，做好看护管理。

第二十八条：除个人自行到医疗机构进行精神

障碍诊断外，疑似精神障碍患者的近亲属可以将其送往医疗机构进行精神障碍诊断。

疑似精神障碍患者发生伤害自身、危害他人安全的行为，或者有伤害自身、危害他人安全的危险的，其近亲属、所在单位、当地公安机关应当立即采取措施予以制止，并将其送往医疗机构进行精神障碍诊断。

第二十九条：精神障碍的诊断应当由精神科执业医师作出。

由上可知，班主任或心理老师都没有资格对学生的心理问题作出诊断。

班主任可以根据日常观察将学生的在校情况向家长进行客观描述，心理老师可以根据学生情况并结合心理专业知识向家长提出建议。

是否选择带学生就医是由学生监护人决定的，学校只能提建议，不能强迫。

根据《义务教育法》，要保障适龄儿童、少年接受义务教育的权利。患有心理或精神疾病的学生是有权利上学的，但如果学生失去自控、自制能力，出现严重的伤己伤人风险，家长又不带学生就医，学校可以和家长协商建议休学。

二、基本话术及建议

建议邀请家长到校面谈，由班主任、心理老师、年级组长或德育主任三人一同谈话。到校面谈和多人谈话，既可以表示学校对学生情况的重视，也会使沟通更加有效。谈话过程中，班主任负责陈述学生在校的具体表现，心理老师进行专业分析提出建议，年级组长或德育主任说明学校对学生情况的重视，进一步建议及时就医诊断。以下是谈话建议。

班主任：

（1）近期学生在校的一些表现让我们有些担忧，为了更好地帮助孩子，我们将您约到学校，由我和心理老师以及我们的年级组长/德育主任和您一同沟通。

（2）学生"有3次突然间情绪爆发，在班级或厕所大哭大叫"，要清晰全面地描述学生的在校表现，包括几次出现问题的日期、时间、地点，学生的语言、行为，其他学生的反应，老师是如何发现的、先后做了哪些工作、效果如何等。不要对学生的情况进行评论或贴标签，如"他肯定有心理问题"。班主任还可以表达自己的担忧、害怕等主观感受，或转述其他学生说的话，如"我看他那样很害怕""他对我说……"班主任不下定论，要让家长根据班主任描述的情况进行判断。

（3）以上是孩子近期在校的情况，为更好地帮助孩子，我们想向您了解一下孩子近期在家中的表现如何？（情绪、身体、行为、语言、认知等方面

的表现、亲子关系如何）

心理老师：

（1）事情发生后，班主任及时和我联系，我们做了一些工作（具体描述心理老师协同班主任做了哪些工作，如安抚学生情绪、进行心理辅导、建议班主任和任课老师后续对该生进行关注等）。

（2）根据观察和我有限的心理专业知识，孩子近期在校的表现比较符合焦虑的症状，我不是医生，无法给出专业且准确的判断，但孩子的表现已经影响到了他正常的在校学习生活，所以我们建议您能带孩子到专业医院就医。

（3）北京的精神心理类专科医院有北京六院、回龙观医院、安定医院，可以到这些医院的儿童青少年心理科就诊。如果您比较介意这些医院都是精神心理类专科医院的话，也可以选择儿童医院或者儿研所的心理科。此外，很多三甲医院也都设有心理科，您可以自行选择。我很理解一些家长对于孩子出现心理问题还是不太好接受的，所以如果您就医后对医生的诊断结果持怀疑态度，也可以更换医院再次诊断并比对诊断结果。

（4）孩子就医时，希望您能问一问医生，学校可以配合做些什么来帮助孩子，也希望您能将诊断结果发给班主任，有助于我们更好地在学校开展工作。

（5）医生可能会让孩子采取药物治疗和心理咨询相结合的方式。在服药方面请您务必遵循医嘱，如果孩子服药出现副作用，建议您及时和医生沟通进行调药换药，不要私自决定。此外，精神心理类疾病一般康复时间较长，服药时间大概会在半年到两年不等，有任何问题一定在复诊时及时与医生沟通。

年级组长/德育主任：

（1）估计您听了孩子的情况也很担心，作为学校老师，我们非常关心孩子，各方面做了大量工作（可简要重述重点工作，肯定班主任和心理老师等的认真负责），希望能帮助孩子。

（2）一般情况下，都是由班主任和家长沟通学生情况，但今天特意将您请到学校，由班主任、心理老师和我一起与您沟通孩子的情况，这是因为我们对孩子的情况非常重视，也非常希望引起您的重视。我们不希望孩子由于延误就医出现更加严重的伤害身心健康的情况。所以，希望您能采纳我们的建议，及时带孩子就医诊断，如果诊断后孩子一切正常，那么我们就再采取其他方式帮助孩子，但如果确实有一些问题，咱们就及时治疗，不要耽误孩子。

（3）请放心，如果孩子被确诊为某种心理问题，只要他具备自制自控的能力，不会伤害自己和他人，学校是不会拒绝他来上学的，我们会遵循为了孩子好的原则，最大限度地对孩子的情况保密，不会歧视孩子，也不会影响孩子评优评先，会配合医生的建议和家庭的要求，最大限度地协助治疗。

（4）希望咱们家校配合，及时沟通，相信能让孩子尽快调整好状态。

高 中 组

孩子在小学和初中没有养好学习习惯，高中由于课业多，压力大，糟糕的学习习惯严重制约了孩子各方面的提升。对于薄弱学科，孩子想取得好成绩又不想努力，只好逃避，家长也不太懂教育，把孩子教育全部寄托在老师身上，老师应该怎样去帮助家长引导孩子？

北京市第二中学　郭俊彬

第一，肯定家长对孩子的关注。

学生的学习困扰通常来自三个方面：学习动力不够充足、学习方法不够科学和学习习惯不够良好。

多数孩子在这三个方面都存在一些需要改进的地方。案例中的家长关注到了学习习惯，值得肯定。

第二，引导家长思考问题的成因。

可以问问家长，第一个问题：如果孩子小学和初中习惯养成不够好，那他中考成功是靠什么？许多家长会说，因为孩子初三这一年非常用功，认真复习，跟着老师的节奏走，我们家长也在后面督促着，所以中考成绩还不错。显然，家长认识到初三一年的努力是中考成功的主要原因。第二个问题：孩子小学和初中习惯不够好，是当时没有发现呢，还是当时已经发现但是没有来得及纠正？多数家长会坦言，以前就发现了，不过孩子成绩还不错，所以一拖再拖，没有及时纠正。

这两个问题特别有助于家长认识到：孩子在过去九年里积攒了一些习惯问题，由来已久，而非突然。以往成绩一直不错掩盖了习惯上存在的问题，所以量变的过程没有引起家长重视，没有及时帮助孩子。到了高中再想凭借考前突击、临阵磨枪赢得考试就没那么容易了，于是习惯不好的问题就凸显出来。反思至此，家长自然会比较关心如何纠正不良习惯、重塑好的学习习惯，内心产生了帮助孩子的积极动力。

第三，引导家长思考孩子为什么回避弱科。

案例中的孩子面对弱科像初中一样回避。一面想要好成绩，一面又懒得下功夫，比较有惰性。孩子为什么会这样？不少家长认为，我们家孩子天生就懒。言下之意，孩子的天性没办法改变。教师可以跟家长分享这类学生普遍存在的一些原因，帮助家长思考自己的孩子究竟为什么懒惰。

第一类孩子希望复制以往的"成功经验"，说得具体点儿，就是平时比较懈怠懒散，不把学习当回事儿，到了考前突击一下，就想考个好分数。第二类孩子已经意识到了自己的习惯不够良好，方法不够科学，也曾经痛下决心，想改掉不好的旧习惯，培养新的习惯，把学习赶上来。但是努力一段时间后发现这事儿没那么简单，不是一日之功，需要吃苦，需要坚持不懈，因而产生了畏难情绪，放弃了继续努力。第三类孩子在生活中比较顺畅，几乎没有克服困难、战胜挫折的经验，学习上也一直领先，用家长的话形容，"这孩子太顺了"。这类孩子遇到困难，也容易畏难退缩。

当然，这里的分享并没有穷尽所有可能，只是抛砖引玉，引起家长的思考。很有意思的是，多数家长会认为自己的孩子以上三个原因都有。这就更加促使我们思考下面的问题。

第四，引导家长在生活中培养孩子不怕吃苦、直面困难的品质。

案例中的家长（当然是少数）声称自己不懂教

育、希望把孩子交给老师全权培养。这样的家长忽视了一个重要问题：家校之间需要合作，可以互补，但不能取代对方的教育责任。如果说教师更多是通过传授知识和技能来培养学生，那么家长则主要通过日常生活的诸多细节渗透对孩子品性和习惯的养成。二者相得益彰，缺一不可。所以家长不应该以不懂教育为理由，不去承担对孩子的养育和教育职责。教师可以建议家长从以下三个方面努力。

（1）给孩子做出榜样，积极承担教育职责。不少家长工作很忙，没有足够的时间陪伴孩子，最有效的办法就是在有限的陪伴中给孩子做出好榜样，孩子无形之中会效仿这些好的行为举止。千万不要让短暂而宝贵的陪伴充斥着空洞琐碎的说教。面对个别家长的"全权托付"，教师也需要礼貌温和地告诉家长："您别客气，这是您的孩子、我的学生，咱们互相配合一起努力，帮助孩子成长进步！"这样的回答营造了家校合作的氛围，奠定了一起努力的基调，唤起了家长与老师共担教育责任的主人翁意识。

（2）让孩子体验成功，并实现经验的迁移。陶行知先生倡导"生活即教育"，就是因为生活中蕴含着太多教育的契机。孩子学习上出现的很多问题，都可以在生活中找到原因。如果直接指导孩子克服学习上的问题比较困难，那就不妨换个角度，从指导生活做起。当孩子在生活中渐渐养成了不怕吃苦的良好习惯，通过努力战胜了各种困难、积累了宝贵的直接经验，他在学习上遇到困难自然就愿意认真思考，有信心啃下难题和硬骨头。

（3）引导孩子扬长补短，保持持续的竞争力。一个孩子在学业上不断进步，究竟依赖哪些因素？这是家长和教师都在思考和关注的问题。孩子学习的持续竞争力，来自基本的智商、必要的努力、科学的方法和一定的自律。在上高中以前，这四个因素中如果有短板弱项，不会显著影响孩子的成绩，因为初中和小学学习的难度与任务量都是有限的。如果上了高中想要继续领先，保持持续的竞争力，则依赖于这四个因素的齐头并进，也就是"聪明＋勤奋＋方法＋自律"。其中，智商（也就是聪明程度）更多受到先天遗传的影响，我们只能小修小补；而勤奋的态度、科学的方法和严格的自律更多依赖于后天培养，家庭养育在这些方面可以大有作为。教师要引导家长鼓励自己的孩子有的放矢，在可能提升的因素上发力，取得最大的回报和进步。

近两周以来，孩子在我的数学课上注意力不够集中，显得很疲惫，作业也没有刚开学那么认真了。我向其他任课老师了解了情况，发现他在其他科目上也有类似的现象，只是程度不太一样。我应该怎样去和家长进行沟通呢？

北京市第五中学　喻莉

　　这位老师做得特别好，没有马上下结论，而是从其他的学科老师那里了解情况，这样就可以甄别孩子是数学学习困难造成这种现象的还是其他原因造成的。经过了解，可以很清楚地看到不是前者，而是存在其他的原因。

　　从整个问题的描述来看，首先需要考虑孩子所在的年级以及所处的时期。其次，对于信息要进行更进一步的了解，两周左右出现这样的情况，先判断在出现这个情况之前有没有发生一些很特别的事情影响到了孩子，比如说一些重大事件，像亲人的去世、搬家，或者是人际上的很剧烈的冲突、家庭的变故等。

如果不是重大事件造成的，就要了解他在整个的学业、学习上是否出现了一些困难。如果是高一刚入学两周左右出现这种情况的话，那孩子可能是在适应高中学习这一课题上出现了困难，我们需要去跟班主任和各学科老师进一步地了解，帮助孩子去分析他当前的情况，具体是学习习惯的问题、学习方法的问题，还是在学习信心方面的问题。假如是数学老师发现了问题，可以选择自己这个学科作为一个突破口。

　　怎么去突破呢？从当前的学习状态入手，第一，一定要建立关系，就是要跟孩子去表达关心和理解，用这样的句式去陈述："我观察到……事实是……"带着关心、接纳和好奇去跟孩子交流，让孩子愿意把他心里真实的想法表达出来。当孩子在一门学科上找到了一个突破口，就有可能从此开启逐渐提升的过程。他通过自身的努力、方法的调整或者更好地进行时间规划等自我管理，体会到"我经过改变和尝试，我的成绩是可以有提升的"，也就是说，他会获得自我效能感，而这个自我效能感其实是可迁移的，可以将其迁移到其他学科的学习上。这位数学老师还可以在取得了一定的进展之后协同其他学科的老师共同来帮助这个孩子。

　　第二，还要考虑是否需要从家校共育的角度来协同合作，支持学生的成长和发展。如果是高二、高三出现这样的问题，就要跟班主任充分交流孩子之前的学习状态，可以参考孩子高一的学业测评报告来进行对比，看看他以前的学业测评得分的分布情况，再进行下一步的判断。

如果是生活中的重大事件导致出现这样的问题，那么就需要针对这个事件去进行判断，再做处理。如果原来就有比较严重的问题，比如曾有过抑郁倾向，之前没有引起重视，高中出现苗头的话，就要进行评估。如果拿捏不准，就需要及时建议孩子和家长去相关的专业机构，以便尽早地预防和及时对孩子进行干预。

老师发现学生总是过度解读事实，总觉得别人欺负和排挤自己。经过了解，发现这种思维跟家长有关，作为老师，我们该怎样和家长沟通这件事情呢？

北京市第十一中学　田丽娟

在实际工作中我们发现，通常情况下，出现上述情况的孩子，大多跟家长过度参与孩子的人际交往有关。大多数情况下，家长会说"我跟孩子是好朋友，他有什么事儿都会跟我说，我也会帮助他分析"。

这种情况可能会导致家长给孩子提出不太恰当的建议，会把成人世界的一些观念带到孩子的观念中，并且高中阶段的孩子已经受家长的影响较深刻，改变起来比较困难。这种亲子关系中的孩子，可能会更敏感一些，也给学校工作带来困难。例如，有时候一件事的发生，孩子没有多想，很快就会过去，但是若家长过度参与其中，就会把问题放大。针对以上情况提出以下建议。

第一，充分了解学生情况。

充分了解孩子在学校和同学的关系，多掌握一些事实和情况后再跟家长沟通。例如，可以从其他同学、班干部、任课老师口中了解学生和其他同学的关系状况。先掌握尽可能多的信息和资料，然后再跟家长沟通。

第二，与家长沟通，表达关切。

首先，肯定家长对孩子在学校情况的关注、关心以及家长跟孩子是好朋友的事实，表达对家长的共情，如能够体会到家长觉得孩子受委屈后的难受、不公平感等。一定要表达理解家长对孩子的担忧。其次，不给孩子或家长贴标签，如不要用"您看您和孩子就总是过度解读""您可能夸大了事实"这样的话语。

第三，就事论事，就最近发生的事跟家长做具体分析。

例如，这件事怎么发生的，具体的经过是怎么样的，也可以举一些孩子在学校发生的事情经过，然后跟家长一起去探讨。

总之，取得家长信任、共情和就事论事是关键。让家长觉得老师是可信赖的，老师是在帮助孩子，也想帮助家长，老师是站在孩子的成长和家长的角度去考虑问题的。取得家长信任以后才有机会打消家长不太正确的信念。这样家长才会从心理上信任老师来帮助孩子解决问题，因为不管是什么样的家长都希望孩子在学校是快乐的，人际关系是良好的。

第四，看到例外。

可以尝试问问家长，孩子在班里或者以前有没有信任的、要好的朋友。通常情况下，孩子会有一两个好朋友，尝试问家长："如果同样的一句话，或者同样的一件事是发生在孩子跟他这个好朋友之间，那您觉得会怎么样呢？您还会觉得是被排挤了，被欺负了吗？"可能这个时候家长就会思考，这时就会有解决问题的契机，因为家长或孩子可能对某些特定同学的话语过度敏感，心里有一个预设。我们可以以此为契机帮助家长剥离出错误观念，然后以此为突破口解决问题。

第五，帮助家长把握好自己和孩子相处的边界。

例如，引导家长认识到孩子已经到了青春期，要给孩子一些独立思考和独立解决、处理问题的机会。未来在社会中也不可能处处都是非常快乐的，孩子有很多情况是要独自去面对的。不妨给孩子机会去尝试独立解决问题和烦恼，看到结果之后再帮孩子一起去处理问题，在困难的时候也可以指导孩子请班主任、心理老师等一起帮助解决问题。总之，引导家长不要过多地把自己的观念灌输到孩子身上。

第六，鼓励家长与孩子正面对话。

例如，请家长思考，孩子是否说过班里哪个孩子的人缘比较好，为什么好？可以让家长鼓励孩子去观察学习，这位同学是怎么做的。此外，可以鼓励孩子去跟更多的孩子交往，这样有更多机会去尝试接触不同性格的人，学习面对不同性格的人应该怎样处理问题。

孩子在班里用小刀划胳膊，看到血流出来他就很开心，这种行为影响到了班里其他同学的情绪。作为老师，我们该怎样跟这名同学的家长进行沟通呢？

北京市第五十五中学　李梦莉

　　青少年自残这个问题，现在的发生率还是很高的，在国际上，青少年儿童自残的比例在10%到20%之间，中国近几年大部分有心理问题的学生都会伴随着自残和自伤的行为，甚至有自杀倾向。有一些孩子的自残和自伤行为被老师和家长们发现了，但是也有一部分孩子是很隐匿的，尤其到了高中。小学生和初中生的自残更多的是由于压力、焦虑，不太会发泄，不知道如何正常表达情绪，是一种不太正常或者不太良性的发泄方式。但是在高中阶段，更多是抗挫能力差、非常的敏感，同时还伴随着一种非常强烈的自我惩罚。初中孩子自残，更多的是在手臂上，容易被发现。但是高中生的自残，会在特别隐秘的地方，老师、同学和家长都很难发现。我认为发生自残最主要的原因就是没有一个特别良好的排解压力方式，缺乏自我评价的能力。

老师发现孩子自残之后，要第一时间让家长了解这个情况。在跟家长沟通的过程中，老师不要一上来就把事情全盘托出，可以慢慢来，一步一步地看家长的接受程度。有的时候家长接受不了，回去之后采取一种极端的方式，反而会更激发孩子的不良情绪。所以，在家长能够承受的范围内，一点点地跟家长进行渗透，最终让他认识到孩子的这个行为是需要帮助的。在交流过程中，对家长的疏导也很重要，因为自残实际上是孩子不会解决情绪问题，不会进行自我评价的表现，而孩子之所以缺乏情绪发泄的出口，也是因为在家庭中缺乏和父母的有效沟通。在解决问题的过程中，家校配合确实是非常非常重要的，所以在第一步取得了家长共识的情况下，第二步就是我们要共同来关注这个孩子的这种行为。

第一，要帮助家长和孩子建立有效沟通，从交流的方式、态度、技巧几个方面指导，提供相应的阅读材料指导沟通。

第二，有一些孩子会上一些网站，其中涉及一些自残自虐的内容。有一些孩子会模仿和追随，慢慢地他的世界观和价值观就会产生偏差。老师要和家长沟通，净化孩子接触的网络环境。此外，还包括他的一些图书、漫画等。

孩子近来感觉压力大，老师也发现孩子有一些焦虑。为了寻求安慰，孩子在校外结交成年人，一起喝酒、抽烟、出入酒吧。针对这样的情况，老师与家长联系询问孩子在家是否也有频繁外出和大额消费的现象。作为老师，我们还可以怎样跟家长进一步沟通来共同形成家校合力，帮助孩子解决目前的这个问题呢？

北京市广渠门中学　李娜

这是班主任在提示家长关注学生的交友问题。我们需要跟家长深入沟通和了解具体情况。

首先，关于校外结交成年人，一起喝酒、抽烟、出入酒吧等情况，教师发现这个问题可能是通过如下几个渠道。

孩子自己告诉老师的。如果是这种情况，这个学生可能是在寻求帮助，也是在向老师释放信号，希望摆脱这样的情况。

通过其他同学或家长的反馈。这种情况我们的工作会相对复杂一些，因为这种情况的影响会比较严重，既要解决这个学生的问题，也要解决班级舆论、班级氛围的问题。

家长告诉班主任这样的情况。也许家长没有直接告诉班主任，而是家长在反馈孩子其他情况的时候，有一些"疑点、纰漏"，老师进一步调查得知这样的情况。家长没有直接说，可能是在帮助孩子隐瞒，那么是否还有袒护孩子其他的行为呢？

另外，在问题描述里问到孩子是否有大额消费。这里可能会涉及以下两点。

一是家长对孩子的金钱观教育。通过了解孩子的零用钱管理，可以了解孩子的家庭教育方式，也可以了解孩子家庭环境对他的影响。

二是如果孩子没有大额消费，这个问题可能会更棘手。钱到底是从哪儿来的？是来自于社会的朋友，还是其他渠道？是否涉及违法的行为？这可能更是我们需要关注的点。

问题中提到压力大、焦虑，寻求安慰、逃避上学等信息，老师希望学生能够早日回归学校。我会有如下思考。

孩子的压力大和焦虑，是否是心理问题？是否有正规医院的诊断？还是家长或老师感觉孩子可能是压力大、焦虑？如果是严重的心理问题，需要有正规医院的诊断和治疗。

问题描述中说寻求安慰，寻求的是什么形式的安慰？是社会上朋友跟他聊天的安慰，还是他在学校里找不到学业的成就感而通过抽烟、喝酒的方式去寻找所谓的成就感，或是用酒精、烟草麻痹自己？如果是后者，是否也会涉及心理问题？

学生不愿上学，很明显这个学生已经出现了逃避的行为，而学生脱离校园生活的时间越久，越难以回归校园。因此，这也是这个问题棘手和重要的原因，必须立刻引起家长和学校的高度关注，尽快妥善处理。

具体怎么与家长沟通呢？有如下几点建议。

与家长沟通，了解真实且具体的情况。跟家长强调清楚，我们了解这些的目的不是为了挖学生的隐私，而是更全面地了解事情的原委，以帮助孩子解决问题，回归正常的校园生活，我们会做到对学生隐私的保护，希望家长能够如实转述。这样才是从家长的角度对孩子最好的帮助。如果有袒护的行为，眼前事情可能就这样遮掩过去了，但从长远来看，对孩子的未来发展更加不利。

了解了真实且具体的情况之后，给家长如下建议。

作为监护人必须要承担起对孩子的监护义务，而首要的任务是尽快切断孩子与社会人员的联系，这样才能为孩子后续顺利回归校园生活做好铺垫。

家长要与孩子打开沟通渠道，要搞清孩子行

为背后的心理需求是什么。孩子每一个行为的背后，一定有其内心需求。孩子是否在释放信号，在寻求家长和老师的关注和帮助？出现这种情况的家庭，往往是一些平时沟通不畅的家庭。给家长建议：家长一定要以倾听为主，不要打断孩子的倾诉，更不能一味地指责，把问题全部推给孩子，说他自我要求不强、生活不自律等，一定要倾听孩子的心理需求。

帮助孩子正确认识自我，准确定位。在问题表述的第一句就提到，孩子感觉压力大、焦虑，很可能是高中学业带来的压力。要帮助孩子正确认识自我，给自己准确定位，特别是一些曾经初中时期很优秀的孩子，当他考到更好的高中以后，优秀的孩子在一起，原来班级里第一、第二的他，现在却成了班级的中等水平，甚至是中下等。要让孩子给自己一个准确定位，同时家长也要降低自己的期待值，关注孩子的身心健康。

在了解了孩子行为背后的心理需求之后，全家一起理性分析。不要全盘否定孩子，而是帮助孩子缓解学业压力，给孩子必要的、有效的帮助。我们的帮助如何能做到有效，这也是家长、老师共同学习和研究的一项课题。

如果经过以上的沟通，孩子能够正常回归校园，要阶段性地评价孩子的努力过程，而不是只看结果，只用成绩多少分，进步了多少名去衡量。

如果经过学校与家长的共同努力，孩子还是无法回归校园，建议家长找寻专业的心理咨询机构，帮助孩子也帮助家长，分别进行疏导，让孩子能够正确面对压力，适应高中的学业发展。

> 教师发现学生可能存在心理问题，如何与家长沟通引起其重视且不反感？后续从学校教育的角度，如何帮助学生及家长？

北京市汇文中学　骆皓爽

在与家长沟通之前，每位教师都需要根据自己所在学校的心理健康工作体系的工作规范，与专职心理教师沟通，先全面客观地评估孩子的心理状态，再有针对性地开展后续干预工作。具体与家长沟通中需要注意以下两点。

一、引起家长对孩子心理问题的重视

首先，向家长传达一个概念：孩子自身的人格、自我、价值观等心理状态与学业水平同等重要，是影响孩子成长的重要部分。心理因素比如情绪稳定性、人际关系、自我认知等方面的问题都会直接影响孩子的方方面面，比如未来的独立生存能力、职业发展、交友、婚姻家庭等。过往家长对心理问题的了解比较少，通常只会在孩子有严重不良表现的时候才有意

识，但孩子遇到的每一次情绪冲突、每一次小挫折、每一次人际矛盾都是心理成长的跨越。

其次，家长一定要在现阶段重视孩子的心理健康。高中是青春期末期与成年早期衔接的重要发展阶段，此时孩子尚未成年，所以从心理发展和神经发育的角度来看，孩子还有很大发展的空间，一旦放任问题发生，在孩子成年后是很难改变的。因此，家长在这一关键期把家庭的关怀充分渗透给孩子，将是对他们未来一生的滋养。

最后，家长通常更关注学业表现而忽略心理健康。实际上孩子的心理状态是学业发展的基础，平稳的情绪状态、良好的抗压能力、有意志力专注力等都是顺利完成学业的基本要素。比如有些有心理问题的孩子学业成绩时上时下，而此时如果不挖掘孩子内心深处的困难帮助他们及时梳理调整，只抓住学业上的不足，用力去纠正可能暂时解决表面问题，但并不能解决根本矛盾，甚至有时导致孩子的逆反与抗拒。

还有一种需要重视的特殊情况是孩子可能有危机，如自伤行为，有时较轻的自伤行为不会受到家长的重视，但实际调查发现很多自杀行为产生前都有自伤行为。所以无论是家长还是老师，都不能抱着侥幸心理，做好与各方面人员的沟通，千万要确保孩子的安全。

二、不引起家长的反感

由于家长对心理问题的不了解或偏见，尤其听到自己未成年的孩子可能会有心理问题时，会认为是精神疾病，从而产生恐慌和回避。

首先，教师可以联合班主任或心理教师，给家长澄清，心理问题并不是我们一般听说的精神病，而是亚健康心理状态或者某种具体的心理问题，只要我们经过科学正规的干预治疗是能够帮助孩子的，回避或耽误是没有帮助的。

其次，考虑到家长的专业与接受程度，在向家长传达这一信息时教师语言不要过于生硬和直白。可以综合孩子在学校方方面面的表现，如课堂上、人际交友、班级活动、其他教师反馈等，让家长看到孩子在学校全面的状态与行为，更加承认和接纳孩子当前的特殊境况。同时我们也一定要给家长带去支持，孩子出现心理问题时任何一位家长都会手足无措，教师除了客观地向家长说明情况外，还可以给予家长信心，学校与教师会和家长一起帮助孩子，大家稳住心神分工合作。只有让家长不抗拒且安心，才是进一步推动工作的重要前提。

在与家长沟通前教师可以注意以下方面，以提高我们的沟通效率。

（1）了解学生的家庭背景情况。有些心理问题是由家庭情况引发的，如单亲、亲子矛盾、家庭关系不和谐、家庭暴力等，所以提前了解情况能够在与家长谈话中规避危险点，充分借助家庭中的有力帮助。

（2）明确家长的沟通模式。家长的情绪是否稳定，家庭中爸爸或妈妈是否容易沟通，平时对孩子的关注程度等。采用家庭较为容易接纳的方式，避免误会或其他麻烦。

（3）了解家长担心和关注的方面。家长常关注的问题有孩子将来的心理或精神状态恢复，服药是否会对孩子身体或学习有影响，恢复后能否正常上学，孩子的档案上是否会有记录，学校对孩子情况保密程度等，提前准备好这些问题的应对能让家长放平心态开始解决问题。

在后续工作中，从班主任和教师层面来看，需要我们持续关注孩子的安全与心理状态，用真诚的态度陪伴孩子成长。及时、定时与心理教师沟通并联合制定方案，让工作有序开展。如果孩子在专科医院就诊，需要教师定期追访家庭情况和就诊服药情况。从学校层面来看，学校需要保护孩子在校的信息安全与身心安全，为孩子的成长提供安全舒适的氛围。同时如果有休学复学的学生，在学校职责范围内尽可能安排更合适的班级、班主任，在日常管理中特殊情况特殊处理，给予学生全方位的支持。

> 　　家长发现孩子在学习或生活上的问题之后，会给班主任或者是相关老师，不分时间场合发很多的信息，甚至有时还会给老师提建议，布置工作。老师应该怎样去和这样的家长进行沟通呢？

北京景山学校　毛敏

　　案例中的问题实际包含了好几个小问题，我们可以把它分解成以下三个小问题。

　　第一个问题是老师苦恼于家长不分场合地发信息，它会影响到我们老师正常的工作和生活节奏。面对这种情况，老师要怎么做？

　　第二个问题是当家长给我们老师提建议，甚至布置工作的时候，老师该如何应对？

　　第三个问题是家长忽略了家庭教育，一味地要求学校和老师对孩子进行教育，老师又该如何做？

　　当遇到家长不分时间场合发信息，怎么办？

一、情感层面：接纳自己的情绪反应

　　遇到这样的情况，年轻老师的内心往往是充满

矛盾的。因为老师觉得收到家长信息，就应该立刻回复，但当自己无法及时回复的时候，就会怀疑自己，没有及时回信息会不会不太好？会不会损害了人民教师的光辉形象？这种内心冲突让老师产生自责和内疚感。

所以想请这些老师们注意：我们是老师，但我们首先是一个人，我们产生这些情绪反应，是非常正常的，我们应接纳自己的各种情绪，不必过于苛责自己，我们不能及时回复，是因为我们有备课、上课等更重要的工作。

二、认知层面：引导老师积极看待家长行为

发现家长身上的闪光点，积极看待家长的这种行为。家长能发现孩子的问题并能及时地和老师沟通，这说明家长非常重视孩子的教育，也非常有责任感，是我们家校合作中非常重要的积极的资源。通过这样的分析，我们会让老师与家长的心理上的距离更近一些，为家校合作奠定基础。

三、行为层面：有技巧地向家长表达边界、引导家长应对孩子问题

建议老师们有技巧地表达自己与家长的边界。

（1）从班集体的层面来说，班主任老师以及任课老师可以通过微信群或者在家长会时，提前告知

◎ 高中组

家长，我们老师的工作节奏和工作内容：上课、听课、备课、批改作业、开会，教研、学习、其他零碎事务性工作，我们平常在忙碌的工作中不可能随时看手机，所以不能保证第一时间回复家长的信息。当家长了解老师的工作节奏后，在没有收到信息回复时，就不会对老师产生误解了。

在收到家长信息时，老师需要对信息进行判断，进行分级管理。如果家长信息是非常紧要的，又很重要的，这就需要在第一时间及时地回复；对不重要也不紧急的，可以在做完自己的工作之后，进行回复。这个过程也是用行动来建立自己的边界的过程，也是掌控自己工作和生活节奏的过程。

（2）针对案例中的家长，我们需要进行个别交流。很重要的一点是要去了解家长看到的孩子的问题是什么，是孩子身上真实存在的问题，还是家长因为过于焦虑夸大了行为的严重后果。如果家长过于焦虑，建议老师在沟通中帮助家长扩大认知背景，告诉家长这个时候孩子的这些表现是非常正常的，因为家长一般只看到自己的孩子，遇到一个小小的问题，往往就会无限地扩大。那如果我们把它的背景扩大，告诉他其实我们的很多孩子目前都是这样的一个状况，就可以降低家长的这种焦虑。

家长因为过于焦虑，所以会经常想和老师聊聊，这个时候老师或多或少都扮演了"支持者"或"咨询师"的角色，老师可以通过提问帮助家长建立自己的支持系统：在您遇到困难和问题的时候，您还可以向谁倾诉或者寻求帮助？在孩子的教育中，其他家人可以做什么？这样帮家长发现身边可以帮助他的人。除此之外，还可以建议家长在发展兴趣爱好中降低自己的焦虑，也可以给家长推荐一些书籍和课程，让家长去缓解自己的情绪。

通过以上方式，有的家长依旧不能缓解焦虑，这个时候我们需要建议家长去寻求专业的帮助，因为家长的情绪能直接影响孩子，只有家长情绪稳定了，亲子关系亲密了，孩子的情绪学习状态才会随之好转。

以上回答是针对并非真正有问题的学生，如果家长提到的孩子这种不良行为问题是确实存在的，那我们该怎么做呢？

我们需要与家长共同地分析、探讨孩子出现问题的原因。当我们发现孩子的问题与家庭教育有关时，我们不是站在批评家长的角度，而是要站在与家长共同探讨解决问题方法的角度对家长提出建议。这个过程中，有一些家长就会对老师提建议或者布置作业了，比如：我觉得我们家孩子现在出现这个状况，老师您是不是可以每天让他给您打个卡，或者是您给他换一下座位，等等。

那么对于家长的建议，我们可以一分为二来看，合理的，我们虚心接受；不合理的，我们可以温柔而坚定的去拒绝。温柔指的是态度上的和蔼、平和；坚定是老师要从自己的职业角色入手，要树立职业权威。

为什么家长给老师提建议呢？一是有的家长可能对年轻老师不信任，这就需要老师展现出足够的职业的自信感，树立我们职业的权威，用肯定的态度、笃定的语气告诉家长：我是专业的。二是有的家长他可能本身在人际交往中的边界意识不强，属于控制欲强的人，我们可以想到，他对老师提出建议或布置任务，那么他在家庭中是不是也过多地去干涉孩子，过多地干涉孩子也许会给亲子关系带来一些负面影响，这样家庭教育的效果也不会理想，所以这样的家长不是不想做好家庭教育，而是无力承担好家庭教育的责任，只能寄希望于学校教育。

面对这样的家长，首先要强调孩子出现行为问题的时候，我们不仅需要学校教育，更需要家庭教育的参与，可以用身边鲜活的事例鼓励家长做好家庭教育。在保密前提下与家长分享学校的其他学生案例，激发家长尝试的意愿。对不太容易被说服的家长，如果一个老师的力量比较薄弱，我们可以发挥集体的力量，可以请年级组长、学校主管领导等一起和家长进行沟通，告知家长家庭教育在孩子成长过程中的重要性和不可替代性。尽管青春期的孩子与家长的关系不如小时候亲密，但这并不意味着孩子不需要父母，相反，他们非常需要父母的支持与帮助。

其次就是引导家长结合自己家庭情况，思考自己可以做哪些方面的改变，从而让亲子沟通更加顺畅，亲子关系更加和谐。比如尊重孩子，给孩子一定的空间；倾听孩子，学习沟通方法；让孩子有话语权，有一定的自主权；做好孩子的榜样，等等。这样可以让家长在家庭教育遇到困难时，能积极想办法去解决问题，而不是逃避问题。

> 老师发现孩子在作业当中出现了厌世，甚至是自杀的想法或行为，那么该如何和家长沟通？

北京市第五中学　陈颖

首先，请家长充分重视这个问题。充分重视时需要掌握一个度，既不要觉得这只是孩子的玩闹，或者只是意气用事，也不要让家长风声鹤唳草木皆兵，战战兢兢。我们可以内紧外松，和孩子沟通时表面上和平时一样，尤其不能大张旗鼓，使得人尽皆知，但同时要密切关注孩子的变化。因为是在作业当中出现的，所以请最先在学生作业中发现相关信息的老师及时邀请学生来答疑，或者主动与孩子交流，借此机会了解具体情况，进行初步的判断。

其次，需要跟家长以及其他的一系列的人了解一下出现这个问题的背景。向家长询问家庭近期是否有紧急突发事件，从而影响到了孩子的情绪。向班里同学和任课老师了解这名学生近期的状况，了解他是否有反常的地方。比如看了什么书，说过什么话，是否有过一些极端言论，有没有约着一起做过什么事，见过什么人等。了解这个孩子最近的情绪变化，是否变得孤僻了，或者变得焦躁了，甚至是否见过他有自伤或者是伤害他人的行为倾向……通过对他周围情况的了解，我们大概是可以还原出一些背景信息的。需要注意的是，在了解这些情况的时候，还应该去保护学生的一些隐私，从而避免在班级当中造成更大范围的恐慌。

再次，直接面对面和家长沟通。我们将了解到的该名学生的在校情况告诉家长，并询问家长孩子近期在家的情况，这样才能最大限度拼凑起学生出现这个问题的可能原因。把背景还原之后，我们会给予他们一些建议，需要提醒家长特别注意以下内容。

如果孩子已经出现了厌世、自杀的想法的话，那么就请家长务必密切关注孩子，给予孩子温暖和关怀。亲子矛盾是比较常见的诱因，所以尽可能先缓解这个矛盾，也请家长不要再去数落孩子，一定要尽可能建立起一种良好的倾听和沟通的氛围。

同时提醒家长不要让孩子独自留在一个空间当中。很多孩子到家之后，进了自己的房间学习，把门一关，这样是比较危险的。同样也要求家长不能因为工作原因，自己外出上班，而把孩子一个人留在家里，一定要增加陪伴孩子的时间。

再有就是请家长务必控制好自己的情绪。无论家里边出现了什么问题，家长之间有什么矛盾，都不要将这些转嫁给孩子。因为当孩子觉得他对于周围的变化无法掌控，无力改变的时候，可能就会出现一种悲观消极的情绪。

最后，请家长密切关注几天之后，视情况及时带孩子去专业医院就诊或者咨询。学校心理老师对于这种危机干预只能在学校里对学生做一些引导或帮助，如果情况比较严重，家长就必须第一时间就诊，避免延误病情。

学生的学习是很不错的，家长认为这就足够了。他甚至还认为学校组织的活动可能会影响到他孩子的成绩，所以一到学校组织活动或临近大型考试，家长就给学生请假，开具各种假条。遇到这种情况，我们应该怎样去引导家长呢？

北京市第一中学　郭盎岩

如果我是面对这种情况的老师，首先，我会在与家长的沟通过程中，引导对方意识到不参与集体活动的弊端。学校的各项活动都是精心设计且富有意义的，并且充分考虑到了学生的课业因素，因此，积极参与学校活动，对学生的全面发展只有好处，家长不必担心会影响孩子的学业。若家长仍有顾虑，还可以帮对方解读国家最新的教育政策。

同时，我会向家长指出，如果学校活动与孩子的学习（成绩）无关就不参加，这种行为在长远看来是十分不利的。党的十八大报告中就已经明确提出了"把立德树人作为教育的根本任务，培养德智体美全面发展的社会主义建设者和接班人"的观点，而在校园中，培养学生上述品质的有效途径之一，就是形式丰富的校园活动；树立正确的三观、积淀中国传统文化底蕴等优秀品质，都是在这个过程中完成的。比如，我校在端午节前后会组织学生集体前往后海划龙舟，并进行班级间的龙舟赛。孩子们在体验传统文化的同时也增强了班级凝聚力，增进了团队合作能力，有利于培养同学间的信任与默契。如果孩子错过了这样的机会，很可能会对他今后在校期间的人际交往产生不利影响。

其次，我会跟家长探讨参加学校活动对孩子身心健康发展的影响。比如：通过参加各种活动，孩子可以结交到不同班级、不同年级的朋友，了解到新鲜事物，给繁重的课业负担、节奏紧凑的高中生活带来快乐和调剂，这些积极作用在大型考试前尤为重要。同时我会建议家长，引导孩子认识到：很多时候，我们需要在同一时段内同时处理多项任务，此时我们需要的技能，是在平衡的同时想办法提高效率。充分备考确实非常重要，但与此同时，积极参与学校活动，提升自己的综合能力，履行好作为集体一分子的义务也一样重要。通过多任务处理的历练，孩子在日后步入社会时会更加从容，这对提升孩子的个人能力大有益处。

最后，我会向家长说明，学校组织的实践活动不仅为不同家庭背景、不同性格、不同志向的孩子提供了社交平台，更能挖掘学生的兴趣、特长、爱好，甚至发掘他们的职业潜能，便于每个孩子在步入社会后快速定位自己的职业选择，成为家庭、社会、国家的栋梁之材。

北京市第二中学　郭俊彬

在教师与家长沟通时，需要确认一点，家长给孩子写请假条，是应孩子的要求写呢，还是出于家长本人的想法？这两者是有区别的。有些孩子本人对集体活动特别热心，但是他的家长认为参加活动影响学习，所以请假是家长的主观想法，孩子并不乐意。在这种情况下，家长和孩子之间是存在着隐性矛盾的，我们工作的着力点要放在引导家长调整观念上。

如果说请假是应孩子的要求，那就是孩子本人的应对能力需要提高。一旦同时面对两件以上的事情，这个孩子就无法兼顾，要复习功课，就不能去参加活动；要参加活动，心思就散了，回来就没法儿复习了。如果孩子属于这样的一种应对模式，就需要对孩子进行认知疏导和行为训练。

校长读后感

读后感

北京市第五中学教育集团党委书记，北京市第五中学党总支书记、校长，北京市第五中学分校党支部书记、校长，北京市第一中学、北京市第五中学分校附属方家胡同小学校长　王蕾

以提问答疑的形式来解惑老师和家长在家庭教育实践中的困惑是最具体、最准确、最有效的家庭教育指导方式。当然，也是成本较高、投入较大的"绣花"功夫。

一个很深的印象：在这些老师答疑中，没有见到引经据典。非常好，并不是罗列原文才是有理论，反倒是在问题解决中、解决后，鼓励老师对原理参悟才是更透彻、更有效的结果。

本书所呈现的诸多案例，在选择上有典型代表性，在答疑中又充分展现了老师们的专业、冷静、务实。在文风上朴实无华，对话感强，画面生动，老师们阅读，都能被带入。娓娓道来，不啰唆赘述，是家庭教育相关探讨的实务性经典版本。

我试着选择了两对答疑，进行对照分析。一对答疑是涉及学生有一定自伤行为如何与家长沟通？另一对答疑是涉及学生有程度症状不同的心理健康欠佳表现如何与家长沟通？四位老师的答疑都值得肯定，把握住了问题的本质，且能够在回答中择要、逻辑清晰地与家长沟通。

关于孩子有自伤行为

（1）老师们都首先强调要与家长共情来缓解当事家长的压力。

（2）在自伤的科学定义上，都有充分介绍，这一点尤为重要。我们要面对的就是家长对自伤的了解有限，如都称之为"自残"。

（3）对学生自伤行为的详细情况，老师们都提醒要设法了解细节，不孤立地看待学生的一次行为。

（4）在与家长沟通话术和家长与孩子沟通话术上都有具体指导。

（5）强调家长对孩子的关爱要比指责更重要。

（6）值得探讨的是，应提醒家长与孩子的沟通时点、沟通开始的第一句话说什么、在孩子还没有自伤行为但有谈及周边同学有自伤行为或谈论自伤时家长该如何应对。

关于如何与家长沟通学生有程度症状不同的心理健康欠佳表现

（1）二位老师都提到与这些家长沟通的难度，这是对所遇问题的充分预见。

（2）老师们都提及要对学生情况的医学诊断的依据掌握，这是必不可少的严谨，也是提醒老师们要避免仅仅采信家长的表述。

（3）对孩子的特别行为，如"顺手牵羊"，老师们要小心求证，不轻易定论。有些判断，家长可以敞开来推断，老师能做的必须是有实证依据。

（4）对学生出现心理问题的表现，请求心理老师的支援必不可少，情况特殊、程度严重的要及时向学校领导汇报不能延迟、省略。

（5）对家长不愿主动提供孩子过往情况，老师们不能靠等，被动地等情况发生才发现端倪。而是要功课做在前面，要主动观察此类学生的点滴言行，力争早发现、早准备，不至于措手不及。

（6）值得探讨的是，当孩子出现把自己锁在厕所隔间的情况，是否就构成对孩子问题性质的定性依据，需要观察。但提示所在班级的班主任老师以适当方式对这位学生多一些看护是很有必要的。

◎ 校长读后感

读后感

北京第二中学教育集团总校长，北京市第二中学党委副书记、校长，北京市第二中学分校、北京市东城区史家实验学校校长　薛丽霞

教育是一场长跑，前方路途上的沟壑风雨在所难免，这就要求参与教育的学校、家庭、社会，并肩携手、勠力同心，让教育充满智慧，让这场长跑行稳致远。

党的十九届五中全会提出健全学校家庭社会协同育人机制，2021年颁布的《中华人民共和国家庭教育促进法》规定建立健全家庭学校社会协同育人机制，"十四五"规划、2035年远景目标纲要、2022年政府工作报告，都确定了健全学校家庭社会协同育人机制的工作任务。2022年，教育部等十三部门联合印发了《关于健全学校家庭社会协同育人机制的意见》，提出到2035年，形成定位清晰、机制健全、联动紧密、科学高效的学校家庭社会协同育人机制。

那么，真正联动紧密的家校社协同育人应该怎么开展？形成健全的家校社协同育人机制还需要做哪些工作？这些我们一直在深思着并实践着。

细读《家庭教育难题60解》一书，发现它就是在这样的深思和实践中形成的。本书是在北京中小学德育研究会及吴甡校长的指导下，组织家庭教育指导服务师编辑而成，呈现了北京市东城区"家校社协同育人实践研究示范区"两年以来的建设成果，展示了东城区各校家庭教育指导服务师的专业能力。除此之外，这些家庭教育指导师在解答问题时的耐心诚心让人感动，让人对教育的未来多了份信心。

时代在日新月异，教育所面对的问题也在更新迭代，愈加错综复杂。比如在本书收集的62个问题中，如现在的学生有的使用电子产品无节制，沉迷于手机；有的在一些网站已经接单配音挣钱；有的微信屏蔽家长，朋友圈中时时有一些灰色的甚至负面的言论等，这些问题已屡见不鲜，时刻困扰着家长。这些问题都需要专业指导，认真应对。家庭教育指导师可以通过教育学、应用心理学、社会家庭学相结合的理论知识，帮助家庭在亲子关系、婚姻关系及其他家庭成员关系上建立良好的家庭环境，为未成年人的父母或者其他监护人实施家庭教育提供指导、支持和服务，重在宣传正确的家庭教育知识、帮助家长掌握科学家庭教育理念和方法。

　　本书以问题为导向，就家庭教育中的种种实际难题，以发现问题、分析问题、解决问题的问答体模式，从实践问题出发、以研究成果推动教育指导实践，更科学、更有针对性地引导家长做好家庭教育，使其更符合学生发展规律；也促使家庭与学校配合更密切更默契，从而各展优势，切实增强育人合力，共同担负起学生成长成才的重要责任。

　　衷心希望这本书能成为推动教育长跑的力量，正心诚意，为家长，更为孩子们拓展生命的宽度，自信从容，迈向未来！

读后感

北京市广渠门中学党委副书记、校长，北京市崇文门中学、北京市龙潭中学、北京市广渠门中学附属花市小学校长　李志伟

　　家校社协同育人并不是一个新话题。"双减"政策对家庭、学校、社会的教育职能提出了新要求，赋予了家校社协同育人新的价值、意义和内涵，全面育人、协同育人成为当下和未来重点育人实践模式。

　　北京市东城区"家校社协同育人实践研究示范区"敢为人先，勇于开拓，以研究者的视角看待教育改革中出现的新问题，以专业眼光厘清协同育人内涵，探索教育实践方法，在一体化丛书中建成兼有高位理论指导与具体实践探索，系统、立体、多元、融通的育人指导网络。而《家庭教育难题60解》则在这一强大网络的支撑下，突出家庭教育指导服务师的专业力量，为深化协同育人实践交出东城答卷，积累东城经验，贡献东城智慧。

东城区教委近年持续组织区域内家庭教育指导服务师培训，系列推进培训课程，不断优化课程内容。本册丛书正是一批批家庭教育指导服务师实践探索的生动展示，每一个故事都由东城基础教育者的执着坚韧写就，每一种尝试都为东城教育高地高质量发展发挥着坚实作用。

于读者而言，本册丛书从教育学、心理学、社会学等学科跨领域研究，直面现实复杂问题，出谋划策，答疑解难。这些教育经验是从众多成功与不成功的实验中提炼出来的有效做法，实在又实用，言辞切切，入情入理。细读此书，无论是老师、家长，还是管理者，都能收获许多教育良方。

读后感

北京景山学校党委副书记、校长　邱悦

办好教育事业，家庭、学校、政府、社会都有责任。随着《中华人民共和国家庭教育促进法》正式施行，在深化"双减"政策的背景下，教育早已不再是一方的责任，"家校社协作、凝聚育人合力"已成为新时代办好人民满意教育的重要路径。

随着社会经济的快速发展，家庭面临着社会现实情况的变化，家庭教育和学校教育都受到了一定的冲击。同时随着学生进入青春期，身心发展的不平衡、自我和独立意识的高度膨胀，也为教育增加了难度。在初、高中阶段，家长在教育中的困惑越来越多，比如面对孩子手机成瘾的状况，家长该如何引导其回归正常生活；面对拒学、厌学的孩子，如何帮助他们重返校园。教师在教育中也遇到了许多棘手的新问题，比如发现了孩子在校有自伤行为，应该如何提示家长配合干预；发现孩子情绪的异样爆发，如何向家长反馈共同帮助调节等。这些家长与老师遇到的教育困境，困扰和折磨着孩子，使他们失去青春的活力与朝气。这些问题提示着我们必须要比以往更重视家庭、学校、社会的协同育人，为学生的身心健康，全面、可持续发展提供保障。

2020年，东城区家庭教育指导中心应运而生，截至2022年3月，中心培训家庭教育指导服务培训师近千人，这些老师多为东城区心理教师、骨干班主任，具有多年的一线教育教学经验。经培训上岗后，他们在东城区各个学校的家庭教育指导分中心接待家长、教师，帮助其解决现实的困惑、树立科学的家庭教育观念、建立和谐的家庭环境，引导家长真正地关注孩子的身心健康和全面发展。

本册《家庭教育难题60解》，就是培训师们根据接待中的典型问题所撰写的问答。在版块方面，分为家长篇和教师篇，从双方的角度提供了可参考的方向。在内容上，从进入初中后的入学适应、学业辅导、同伴关系、异性交往、亲子关系、学生心理问题的发现与处理等方面进行了回应，涵盖面广、针对性强。从形式方面，语言平实，要点突出，可读性强，易于家长和教师的理解和操作。

我们相信，本册将切实帮助家长、教师解决家校教育的难题，不断更新教育观念，改善教育方法，形成良好的家校共育氛围，促进我们的孩子幸福生活、健康成长！

读后感

北京市文汇中学党委副书记、校长，北京市东城区文汇小学校长　杨建

　　《家庭教育难题60解》分两个篇章，从不同阶段的学生产生的不同问题，为家长和老师解决各种教育难题提出了应对策略，给大家以启发。从文中的每一个案例不难看出，在教育孩子的过程中，除了老师之外，父母也扮演着重要的角色。学校教育和家庭教育紧密相连，密不可分。

　　孩子是每一对父母心中的宝贝，也是老师们精心呵护的花朵，我们都盼望着他们长大成人。随着"双减"政策的出台与落实，家庭教育逐渐和学校教育、社会教育齐头并进，成为促进孩子身心发展的不可或缺的力量。本书中也多次提到家校合作是最优的解决问题的方式；教育面前，学校和家庭是合伙人；家校合作，效果最好；家校沟通是法宝……

　　党的二十大报告指出，要"健全学校家庭社会育人机制"。这充分说明，学校家庭社会协同育人已

成为国家大事。家庭是孩子成长的摇篮，是塑造孩子身心的重要基地；学校是传承文化、培养人才的主要平台；社会是人谋生发展、相互交往的基本环境。三者纵贯每个人从小到大、到老的一生，已成为新时代要着力构建的育人新格局。

学校教育是主导，家庭教育是基础，社会教育是保障。那么如何发挥学校主阵地作用、家庭教育的主体责任，推进家校社协同育人？我认为，家庭教育是一切教育的基础，家庭是孩子的第一个课堂，父母是孩子的第一任老师，家庭教育在孩子的成长中发挥着至关重要的作用。文章中提到，每个孩子都不是完美的，作为家长要率先垂范，给孩子树立规则意识，善于发现孩子的优点，发掘孩子的潜力，尊重孩子的独立人格和自主性，培养健康的心理和健全的人格，营造良好的成长环境；而学校教育是家庭教育的延续，在人的发展中起主导和促进作用。学校要加强队伍建设，树立全员家校社合作意识，让老师们与家长站在一起，形成教育合力。走近家长，帮助家长，用不同的方式给予家长科学、专业的育人指导，让家长成为学校的一分子，参与学校的活动，陪伴孩子的成长；社会教育是学校和家庭教育的延伸和发展，社会是个大课堂，任何人都无法摆脱社会的影响和教育。良好的社会教育有利于对学生进行思想品德教育，增长知识、发展能力，丰富学生的精神生活，最终使其真正融入社会。

苏霍姆林斯基说："没有家庭教育的学校教育和没有学校教育的家庭教育，都不可能完成培养人这样一个极其细微的任务。"所以说，家校社协同育人是时代的必然要求。家庭、学校、社会担负着为党育人、为国育才的共同责任。"家校社"协同育人是一项系统工程，需要家庭、学校、社会共同参与，围绕"立德树人"的根本任务，健全协同育人机制，共同营造良好的育人生态，促进教育的高质量发展及学生的健康成长。

每一个孩子的花期不同，正如文章中提到的影片《放牛班的春天》所说："教育不仅仅是为了知识，爱才是果实。"作为孩子的引路人，只要用心、用爱去浇灌，总有一天花朵会灿烂开放，所有的美好都会如期而至，让我们静待花开。